Reiseführer

Amsterdam

**Grachten · Museen · Plätze und Höfe · Grand Cafés
Aussichtspunkte · Nachtleben · Hotels · Restaurants**

Die Top Tipps führen Sie zu den Highlights

von Reinhard Tiburzy

☐ Intro

☐ Unterwegs

Leserforum

Die Meinung unserer Leserinnen und Leser ist wichtig, daher freuen wir uns von Ihnen zu hören. Wenn Ihnen dieser Reiseführer gefällt, wenn Sie Hinweise zu den Inhalten haben – Ergänzungs- und Verbesserungsvorschläge, Tipps und Korrekturen –, dann kontaktieren Sie uns bitte:

**Redaktion ADAC Reiseführer
ADAC Verlag GmbH & Co.KG
Hansastraße 19, 80686 München
reisefuehrer@adac.de
www.adac.de/reisefuehrer**

Karten und Pläne

☐ Service

Amsterdam multimedial erleben

Mit Ihrem Smartphone, Tablet-PC oder Computer können Sie viele Sehenswürdigkeiten Amsterdams nun auch in bewegten Bildern erleben. Ergänzt wird das multimediale Angebot durch Hörstücke mit Hintergrundinformationen über die Grachtenmetropole.

Im Buch finden Sie bei ausgewählten Sehenswürdigkeiten QR-Codes sowie Internet-Adressen.

 ▶ **Reise-Video: Amsterdam**
QR-Code scannen oder dem Link folgen:
www.adac.de/rf0076

Öffnen Sie den QR-Code-Scanner auf Ihrem Handy und scannen Sie den Code. Gut geeignet sind Apps wie barcoo oder Scanlife.

Die meisten Apps schlagen Ihnen nun ein Programm zum Öffnen von Film oder Audio-Feature vor. Das iPhone startet sie automatisch. Am flüssigsten laufen die Filme bei einer WLAN- oder 3G-Verbindung.

Sollten Sie kein Smartphone besitzen, dann nutzen Sie bitte die neben dem QR-Code stehende Internet-Adresse.

Bitte beachten Sie, dass beim Aufruf der Reise-Videos und Audio-Features über das Handy Kosten bei Ihrem Mobilfunkanbieter entstehen können. Im Ausland fallen Roaming-Gebühren an.

Amsterdam Impressionen
Die multikulturelle Grachtenmetropole

Der weit gereiste Italiener *Lodovico Guicciardini* bezeichnete Amsterdam 1567 als ›Venedig des Nordens‹. Er musste es wissen, denn er lebte nur einen Katzensprung von der italienischen Lagunenstadt entfernt. Doch damit war noch nicht genug gesagt: *Constantijn Huygens*, wortgewaltiger niederländischer Dichter, prägte Mitte des 17. Jh. bezüglich der heimischen Grachtenstadt das Wort vom ›Zweifach-Venedig‹. Sieht man einmal von dem einzigartigen mediterranen Flair Venedigs ab, kommt das sogar hin, zumindest numerisch, denn Amsterdam hat etwa doppelt so viele Kanäle.

Das Goldene Zeitalter

Das Leben in Amsterdam – die Stadt wurde Mitte des 13. Jh. an der Mündung der Amstel in die Zuiderzee gegründet – war seit jeher vom Wasser geprägt. **165 Grachten** mit einer Gesamtlänge von 75 km durchziehen noch heute das Zentrum. Prächtige Stadtpaläste und opulent bestückte Museen zeugen vom Glanz und Reichtum vergangener Tage, als das kleine Land an der Nordsee zur führenden Handels- und Seemacht Europas aufstieg. Im Jahr 1602, mit der Gründung der **Verenigde Oost-Indische Compagnie**, die fast zwei Jahrhunderte lang das Monopol für den lukrativen Handel mit Südostasien innehatte, brach für Amsterdam und die Niederlande das Goldene Zeitalter an. Die Segelschiffe der VOC brachten exotische Gewürze und Waren aus dem fernen Osten, und der Überseehandel sorgte für eine immense wirtschaftliche und kulturelle Blüte.

Die größte Pfahlsiedlung der Welt

Die Altstadt von Amsterdam mit ihren zahlreichen historischen Gebäuden ist heute ein riesiges **Freilichtmuseum**, das man am besten zu Fuß oder, wer sich wie die Einwohner fortbewegen möchte, mit

Links unten: *Vom Wasser aus zeigt sich Amsterdam von seiner schönsten Seite*
Oben: *Wohnidylle im Begijnhof*
Mitte: *Das Segelschiff ›Amsterdam‹ erinnert an die gute alte Zeit der Seefahrer*
Unten: *Leben und leben lassen – Entspannung auf der ›Terrasse‹ eines Hausbootes*

dem Fahrrad erkundet. Im Zentrum stehen inzwischen fast 7000 Wohn- und Speicherhäuser unter Denkmalschutz. Die meisten von ihnen stammen aus dem 18. und 19. Jh., einige sind sogar noch älteren Datums. Der Erhalt der historischen Bausubstanz bedarf besonderer Pflege, denn Amsterdam ruht auf Stelzen, ist die größte **Pfahlsiedlung** der Welt. Tatsächlich leben, wie es *Erasmus von Rotterdam* im 16. Jh. formulierte, die »Bewohner wie die Raben auf den Wipfeln von Bäumen«. Die alten Gebäude stehen auf insgesamt 5 Mio. in den Boden gerammten, bis zu 20 m langen Fichtenstämmen.

Da das Stadtgebiet insgesamt unterhalb des **Meeresspiegels** liegt, ist es für die Grachtenmetropole wichtig, den Pegelstand in den Kanälen konstant zu halten. Steigt das Wasser, sind die Häuser schnell überflutet. Sinkt das Wasser, fallen die Kuppen der Holzpfähle trocken, Fäul-

nis setzt ein, und mit der Standfestigkeit ist es vorbei. Heute sorgt ein ausgeklügeltes System von Schleusen und Pumpen für einen gleichbleibenden **Wasserpegel** in den Grachten.

Im 17. Jh. wuchsen die Bevölkerungszahlen Amsterdams stark an, neuer Baugrund außerhalb des engen Altstadtbezirks wurde benötigt. Deshalb legte man zwischen 1612 und 1663 den aus Heren-, Keizers- und Prinsengracht bestehenden **Dreigrachtengürtel** (Grachten Gordel) an, der sich nahezu hufeisenförmig um das Zentrum legt. An den Ufern der neuen Grachten entstanden prächtige Stadtpalais. Einige Anwesen erstrecken sich gar über zwei Grundstücke mit dem Kutschenhaus an der einen und dem Haupthaus an der anderen Gracht, dazwischen liegt ein französischer Garten. Die opulentesten Grachtenhäuser stehen an der **Gouden Bocht**, der Goldenen Biegung, der Herengracht. Schwungvolle Giebel verleihen jedem Haus ein eigenes Gesicht, und die Fassaden spiegeln sich malerisch im Wasser der Kanäle. Die beste Sicht auf die imposanten Häuserzeilen hat man bei einer **Grachtenrundfahrt**, die zu den Höhepunkten jeder Amsterdam-Besichtigung zählt.

Bereits unmittelbar nach seiner Entstehung gehörte der Grachtengürtel zu den begehrten Wohngegenden, und so ist es bis heute geblieben: Wer es sich leisten kann, residiert am Wasser. Da die besten Plätze im Altstadtkern längst vergeben sind, erlebt Amsterdams alter Hafen seit dem Beginn des 21. Jh. seine Umwandlung zum modernen Wohnquartier – und wieder ist die Sicht aufs Wasser das beste

Verkaufsargument. Auch sonst wird derzeit viel gebaut, manches ist umstritten, wie die neue Metrolinie, die von Nord nach Süd quer durch die Stadt gefräst wird. Der sumpfig-lehmige Untergrund und die auf Baumstämmen ruhende Altstadt erschweren die Arbeiten und lassen die Baukosten explodieren. Bereits mehrfach sackten historische Grachtenhäuser ab. Mit der Fertigstellung der Linie ist frühestens 2017 zu rechnen.

Meisterwerke und Grachtenhäuser

Amsterdam ist ein Mekka für Kunstfreunde. Die großen Drei unter den Museen haben sich in den letzten Jahren allesamt einem Facelifting unterzogen. Die Sammlung Alter Meister im **Rijksmuseum** mit Werken von Rembrandt über Frans Hals bis Jan Vermeer wurde im April 2013 nach langjähriger Restaurierung wiedereröffnet und erstrahlt nun in neuem Glanz. Das **Stedelijk Museum** mit

seiner hochkarätigen Kollektion moderner Kunst vefügt seit September 2012 über einen rasant gekurvten weißen Erweiterungsbau mit weit auskragendem Dach. Frisch restauriert präsentiert sich auch das **Van Gogh Museum**, das mit 200 Gemälden des berühmten holländischen Malers Vincent van Gogh begeistert, da-

Links oben: ›De Vlucht va Egipten‹ – Giebelstein aus dem Begijnhof
Links unten: Die ›Judenbraut‹ (um 1665), ein Meisterwerk Rembrandts im Rijksmuseum
Oben: Das repräsentative ›Blaue Zimmer‹ im Museum Willet-Holthuysen
Rechts: Spieglein, Spieglein an der Wand, wer hat den schönsten Giebel im ganzen Land – Spiegelung eines Grachtenhauses

Oben: *Einen Blick riskieren – die Walletjes, das berühmt-berüchtigte Vergnügungs-viertel der Grachtenmetropole, steht bei Touristen hoch im Kurs*
Unten: ›*Venedig des Nordens*‹ *wird Amsterdam vielfach genannt. Da darf eine echte Gondel natürlich nicht fehlen*
Rechts: *Das Goldene Zeitalter ist noch nicht vorbei – im Shoppingcenter Magna Plaza gibt es Luxusartikel im Überfluss*

runter Ikonen der Kunstgeschichte wie die ›Sonnenblumen‹ und ›Das Schlafzimmer‹ des Künstlers in Arles. Die vielfältige Amsterdamer Museumslandschaft hat noch mehr zu bieten, ob Theater, Katzen oder Marihuana, hier dürfte für jeden Geschmack etwas dabei sein. Glanzpunkte sind historische Sehenswürdigkeiten wie das **Museum Willet-Holthuysen**, ein original möbliertes Grachtenhaus, das Einblick in die Lebenswelt und authentische Wohnkultur des 17./18. Jh. bietet. Im Souterrain schlendert man durch die große Küche. Vom Blauen Zimmer der Beletage blickt man durch hohe Fenster auf die Gracht, betrachtet in den Salons würdige Familienporträts und im Speisezimmer erlesenes Porzellan. Das kleine Gartenzimmer öffnet sich auf den französischen Park.

Lebenslust und Geselligkeit

Amsterdam ist überreich an Historie und Kultur, doch zugleich sprüht die Stadt vor Lebenslust und Geselligkeit. Beliebte Treffpunkte sind Plätze wie **Dam** und **Leidseplein**, wo man im Sommer im Freien sitzt und das Amsterdamer Flair genießt. In den Straßen und Gassen rund um den Leidseplein mit einer Vielzahl von Diskotheken, Bars und Clubs kann man sich dann ins **Nachtleben** stürzen. Ein besonderes Highlight ist das *Paradiso*, einst Kirche, jetzt Disco. Andere gute Adressen für Nachtschwärmer sind der **Rembrandtplein** und die **Reguliersdwarsstraat**. Nicht unerwähnt bleiben sollen ferner die *Walletjes*, Amsterdams Rotlichtbezirk rund um die Oude Kerk, die älteste Kirche der Stadt. Dank der Fenster, in denen die Damen sich dort zur Schau stellen, ist das Viertel immer noch eine Attraktion für viele Neugierige.

Auch das kulturelle Angebot für den Abend ist üppig. Da sind zum einen die zahlreichen Kinos, in denen Filme meist in der Originalsprache laufen. Wer Filmpaläste mit besonderer Atmosphäre liebt, der sollte einen Besuch bei der ›Alten Dame‹, wie die Amsterdamer das **Pathé Tuschinski** mit seinem nostalgischen Interieur liebevoll nennen, einplanen. Zum anderen bieten Theater und Konzert Programme, die dem Rang Amsterdams als Weltstadt gerecht werden. Neben den großen Häusern **Stadsschouwburg, Concertgebouw, Muziektheater** und **Muziekgebouw aan't IJ** gibt es kleine Bühnen, experimentelle Theater und Kleinkunstbühnen, deren Vorstellungen natürlich meist in Niederländisch sind.

Multikulturell und tolerant

Amsterdam ist seit jeher berühmt für seine Toleranz, ein wesentliches Element für den wirtschaftlichen Erfolg, der die Stadt im Goldenen Zeitalter zur reichsten Europas machte. ›Leben und leben lassen‹ – in Amsterdam ist die Devise nicht nur ein Spruch. Nicht umsonst war die Grachtenmetropole in den 1960er-Jahren die europäische Hochburg der Flower-Power-Bewegung. Heute ist Amsterdam Reiseziel und Heimat für Individualisten und Schöngeister, Kreative und Künstler, für HipHopper und Glamour Girls, Studenten und junge Familien, die ihre lieben Kleinen morgens mit dem gemütlichen Kastenrad *Bakfiets* zum Kindergarten kutschieren. Hier leben Erdenbürger aus über 170 Nationen zusammen, Menschen aller Hautfarben, Kulturen und Religionen – besonders zahlreich aus den früheren niederländischen Kolonien Indonesien und Surinam. Der Besucher profitiert von der kulturellen Vielfalt auch kulinarisch, das Angebot an *Restaurants* mit fremdländischen Küchen ist phänomenal. Mit genug Appetit und Zeit kann man sich in Amsterdam auf eine kulinarische Weltreise begeben. Wohltuend ist auch die Stimmung in der Stadt, sie steht den Menschen im Gesicht geschrieben, sie strahlen anmutige Würde und freundliche Gelassenheit aus, mitten im Alltagsgetriebe der Großstadt.

 ▶ **Reise–Video Amsterdam** QR-Code scannen [s. S. 5] oder dem Link folgen: www.adac.de/rf0076

Geschichte, Kunst, Kultur im Überblick

Handelsmetropole auf Pfählen und Begründerin eines Goldenen Zeitalters

um 1270 Nach der Errichtung eines Dammes an der Mündung der Amstel in die Zuiderzee, dem heutigen IJsselmeer, entsteht die Siedlung Amestelledamme.

1275 Amestelledamme wird erstmals urkundlich erwähnt, als Graf Floris V. von Holland den Bewohnern das Recht verleiht, ihre Waren zollfrei durch holländische Gewässer zu transportieren.

um 1280 Errichtung einer ersten Festung, deren Reste bei Ausgrabungen am Nieuwendijk 1994 freigelegt werden.

1300 Der Bischof von Utrecht verleiht Amsterdam die Stadtrechte. 1306 beginnt man mit dem Bau der Oude Kerk.

1323 Amsterdam wird Zollhafen für aus Hamburg importiertes Bier. Die Entwicklung zur internationalen Handelsmetropole nimmt ihren Anfang.

1345 Das ›Hostienwunder‹ ereignet sich [s. S. 34]. Amsterdam wird zum viel besuchten Wallfahrtsort, nachdem die Reliquie, der ›Leib Christi‹, die Heilung kranker Pilger bewirkt.

1421 Ein Feuer wütet in Amsterdam und zerstört weite Teile der Stadt vollständig. Die Oude Kerk übersteht die Katastrophe unbeschadet.

1452 Neuerliche Brände vernichten unzählige der strohgedeckten Holzhäuser. Eine daraufhin erlassene Bauordnung bestimmt, dass künftig nur noch Stein als Baumaterial verwendet werden darf.

1481 Errichtung der ersten steinernen Stadtmauer, von der heute noch Schreierstoren und Sint Antoniespoort als Teil des Waagge-bouw und Montelbaanstoren erhalten sind.

1489 Der erkrankte habsburgische Kaiser Maximilian I. pilgert zur Hostienreliquie, wird geheilt und verleiht der Stadt Amsterdam zum Dank das Privileg, die Kaiserkrone im Stadtwappen zu führen.

1519 Holland wird als Teil der Niederlande dem Weltreich Karls V. eingegliedert, der den aufkommenden Protestantismus mit aller Macht unterdrückt.

1535 Im Zuge der Reformation sorgen fanatische Wiedertäufer am 10. Mai für Tumulte, als sie im religiösen Wahn nackt über den Dam laufen und das Rathaus zu stürmen versuchen. Sie werden hingerichtet.

1566 Calvinisten zerstören Kunstwerke in Amsterdamer Kirchen. Die Schützengilden weigern sich, gegen

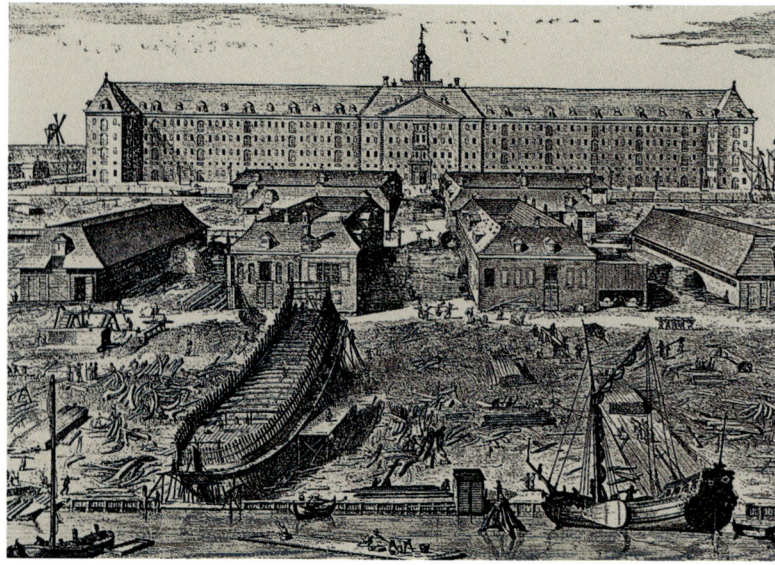

Auf dem Trockenen – in der VOC-Werft wurden im 17. Jh. die großen Segler gezimmert

die Protestanten vorzuge-
hen. Der weitgehend dem
Katholizismus verpflichtete
Magistrat heuert zu seinem
Schutz 300 Söldner an.

1567 Nach religiösen Un-
ruhen schickt der spanische
König Philipp II., Sohn und
Nachfolger Karls V., Truppen
unter der Führung des Her-
zogs von Alba in die Nie-
derlande, um den Katholi-
zismus erneut im ganzen
Land durchzusetzen. Protestanten werden verfolgt und
finden zu Tausenden den
Tod.

1568 Nach der Hinrich-
tung der beiden holländi-
schen Grafen Egmont und
Hoorn in Brüssel erhebt sich
die niederländische Bevölkerung unter der Führung
des Grafen Wilhelm von
Oranien. Der Achtzigjährige
Krieg (1568–1648) um die
Unabhängigkeit der Niederlande vom katholischen
Spanien beginnt.

1573 Während der Widerstand im ganzen Land zu-
nimmt, zieht Herzog von
Alba in Amsterdam ein, wird
von königstreuen Bürgern
willkommen geheißen und
setzt von hier aus sein grau-
sames Regiment fort. Die
Grachtenstadt wird zur pro-
spanischen Enklave.

1576 Amsterdam wird von
Aufständischen unter der
Führung Wilhelms von Ora-
nien belagert.

1577 Die Spanier ziehen
sich aus Amsterdam zurück,
ein Jahr später kapituliert
die Stadt. Die neue Stadtre-
gierung setzt sich aus refor-
mierten Kaufleuten zusam-
men. In der ›Satisfactie van
Amsterdam‹ erklären sie
den protestantischen Glauben zur offiziellen Religion.
Formal wird fortan zwar
Glaubensfreiheit für andere
Religionen gewährt, doch
werden katholische Gottesdienste nur in ›Geheimkirchen‹ toleriert.

1584 Wilhelm von Oranien
wird von Balthasar Gérard,
einem fanatischen Katholiken, ermordet.

*Wilhelm von Oranien, ge-
nannt ›der Schweiger‹, niederländischer Nationalheld*

*Rembrandt Harmensz.
van Rijn, berühmter holländischer Maler*

1585 Mit der spanischen
Rückeroberung Antwer-
pens und der holländischen
Blockade der Scheldemün-
dung, die den Niedergang
des Antwerpener Hafens
zur Folge hat, emigrieren
Tausende von protestan-
tischen und jüdischen Kaufleuten nach Amsterdam.

1588 Gründung der ›Republik der Vereinigten Niederlande‹, bestehend aus
den sieben protestanti-
schen Nordprovinzen Gel-
dern, Holland, Seeland, Utrecht, Friesland, Overijssel
und Groningen.

1595 Amsterdamer Kaufleute schicken vier Schiffe
zur ersten Fahrt nach Ostindien (dem heutigen Indonesien) und leiten damit die
Kolonisierung und den Handel mit Südostasien ein.

1602 Gründung der ›Verenigde Oost-Indische Com-
pagnie‹ (VOC), der ›Nieder-
ländisch-Ostindischen Ge-
sellschaft‹, die bis 1796 das
Monopol für den Handel mit
Südostasien innehat. Ams-
terdams Hafen entwickelt
sich zu einem der größten
der Welt. Beginn des ›Goldenen Zeitalters‹ (17. Jh.).

1609 Henry Hudson wird
von der VOC beauftragt, eine Passage durch das Nord-
meer nach Ostindien zu suchen und entdeckt auf dieser Fahrt den Hudson River
und Manhattan. – Waffen-
stillstand zwischen den

nördlichen Niederlanden
und Spanien.

1611 Eröffnung der ersten
Amsterdamer Waren- und
Effektenbörse. Amsterdam
steigt zum bedeutendsten
Finanzplatz Europas auf.

1612 Im Zuge der Stadterweiterung beginnt der
Bau des Dreigrachtengür-
tels aus Heren-, Keizers- und
Prinsengracht.

1621 Gründung der ›West-
Indische Compagnie‹ (WIC)
mit dem Handelsmonopol
für Westafrika, Nord- und
Südamerika.

1622 Die Stadt hat 105 000
Einwohner.

1631 Rembrandt Harmensz.
van Rijn (1606–69) zieht
nach Amsterdam.

1637 Höhepunkt der ›Tulipomanie‹ [s. S. 111], der Tul-
penspekulation. Beim Zu-
sammenbruch des Systems
verlieren unzählige Amsterdamer ihr Vermögen.

1648 Ende des Achtzigjährigen Krieges. Im Westfälischen Frieden von Münster
wird die Unabhängigkeit
der Niederlande von Spani-
en besiegelt.

1651 Die von Oliver Crom-
well initiierte ›Navigations-
akte‹, die den englischen
Seehandel fördert, dem niederländischen Zwischen-
handel aber einen Schlag
versetzt, führt ein Jahr später zum Ersten Seekrieg gegen England, weitere folgen
1665 und 1672.

1669 Rembrandt verstirbt und wird in der Westerkerk beigesetzt.

1672 Französische Truppen rücken gegen Amsterdam vor, weichen jedoch zurück, als die Einwohner die Deiche öffnen und das Land rund um die Stadt überfluten.

1685 Nach der Aufhebung des ›Edikts von Nantes‹ emigrieren zahlreiche französische Hugenotten nach Amsterdam.

1697 Der russische Zar Peter der Große arbeitet als Schiffsbauer in einer Amsterdamer VOC-Werft.

1780–84 Im Vierten Seekrieg gegen England verlieren die Niederlande endgültig ihre Vorherrschaft auf See.

1787 Friedrich Wilhelm VI. von Preußen schickt Truppen nach Amsterdam, um die Position der Oranier gegen die ›Patrioten‹, eine pro-französische Partei, die im Stadtrat die Mehrheit erlangt hat, zu festigen.

1795 Französische Revolutionstruppen besetzen Amsterdam, bilden gemeinsam mit den ›Patrioten‹ eine Nationalversammlung und rufen die ›Batavische Republik‹ aus.

1799 Auflösung der Verenigde West-Indische Compagnie.

1800 Bankrott der Verenigde Oost-Indische Compagnie.

1806 Napoleon Bonaparte erhebt die ›Batavische Republik‹ zum ›Königreich Holland‹ und setzt seinen Bruder Louis Napoleon als Regenten ein.

1810 Die Kontinentalsperre Napoleons richtet den holländischen Seehandel zugrunde, sein Bruder Louis dankt deshalb ab. Napoleon verleibt Holland seinem Reich ein.

1811 Übergabe des Stadtschlüssels an Napoleon Bonaparte, der am 8. Oktober in die Stadt einmarschiert.

1813 Nach der Vertreibung der französischen Besatzer kehrt Wilhelm VI. von Oranien aus dem Exil zurück und wird 1815 als Wilhelm I. König der Niederlande. Hauptstadt wird Amsterdam, Regierungssitz jedoch Den Haag.

1815 Nach der Niederlage Napoleons fasst der Wiener Kongress die Territorien des heutigen Belgien, Luxemburg und der Niederlande zum ›Königreich der Vereinigten Niederlande‹ zusammen.

1830 Aufstand in Brüssel, Belgien löst sich von den Niederlanden ab.

1876 Mit dem Bau des Nordseekanals erhält Amsterdam einen direkten Zugang zum Meer und der Hafen erlebt einen neuen Aufschwung.

1895 Die Weltausstellung zieht Tausende von Besuchern an.

1900 Die Stadt hat 500 000 Einwohner.

1914–18 Während des Ersten Weltkrieges bleiben die Niederlande neutral.

1928 In Amsterdam werden die IX. Olympischen Sommerspiele abgehalten.

1934 Während der Wirtschaftskrise wird das Arbeitslosengeld um 10 % gekürzt. Der darauf folgende Aufstand im Viertel Jordaan wird blutig niedergeschlagen.

1940 Am 16. Mai besetzen deutsche Truppen Amsterdam.

1941 Hafenarbeiter treten aus Protest gegen die Deportation ihrer jüdischen Mitbürger am 25. Februar in einen Streik.

1942 Das jüdische Mädchen Anne Frank und ihre Familie verstecken sich zwei Jahre lang in einem Hinterhaus an der Prinsengracht vor den Nationalsozialisten. Im August 1944 werden sie entdeckt und in Konzentrationslager deportiert. Anne Frank stirbt im März 1945 in Bergen-Belsen. Nur ihr Vater überlebt den Holocaust. Anne Franks Tagebuch, geschrieben im Amsterdamer Versteck, wird zu einem Weltbestseller.

1945 Bis zur Befreiung der Stadt durch kanadische Truppen am 5. Mai werden insgesamt ca. 100 000 Amsterdamer Juden in Konzen-

Rushhour – als Amsterdam im 17. Jh. noch einen der größten Häfen der Welt hatte, herrschte anscheinend auf dem Wasser meist ein totales Verkehrschaos

trationslager verschleppt und ermordet.

1948 Prinzessin Juliana wird in der Nieuwe Kerk als König der Niederlande vereidigt.

1949 Indonesien erhält als erste niederländische Kolonie die Unabhängigkeit. – Die Niederlande treten der NATO bei.

1964 Die ›Provos‹, meist junge Leute, demonstrieren gegen das Establishment.

1966 Bei der Trauung von Prinzessin Beatrix mit Claus von Amsberg in der Westerkerk wird heftig gegen den Deutschen protestiert.

1970er-Jahre ›Kraker‹ besetzen Häuser, um die Wohnungsnot anzuprangern.

1975 Die Stadt feiert ihr 700-jähriges Bestehen.

1980 Königin Juliana dankt zugunsten ihrer Tochter Beatrix ab. Deren Inthronisierung wird von schweren Ausschreitungen begleitet.

1987 Amsterdam ist ›Kulturhauptstadt Europas‹.

1992 Über der Trabantenstadt Bijlmermeer stürzt ein israelisches Transportflugzeug ab, über 200 Menschen kommen ums Leben. Weder Ursache des Absturzes noch die Art der Ladung werden aufgeklärt.

1997 Im Vertrag von Amsterdam beschließen die Außenminister der 15 EU-Staaten eine gemeinsame Außenpolitik.

2000 Am 26. September fusionieren die Börsen von Amsterdam, Brüssel und Paris zur Euronext mit Sitz in Amsterdam.

2002 Kronprinz Willem-Alexander heiratet die gebürtige Argentinierin Máxima Zorreguita. – Die Regierung Wim Kok tritt wegen des Versagens der niederländischen UN-Schutztruppen beim Massaker von

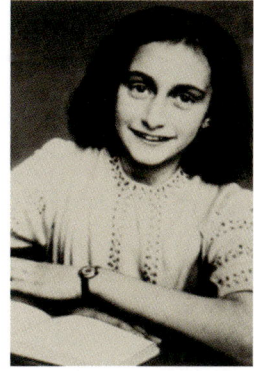

Anne Frank, Holocaust-Opfer

Beatrix, die langjährige Königin der Niederlande

Srebrenica 1995 zurück. – Die Ermordung des Rechtspopulisten Pim Fortuyn erschüttert das Land. – Tod von Prinz Claus.

2003 Baubeginn der Nord-Süd-Metro, die von Amsterdam Nord unter dem IJ, dem Hauptbahnhof und weiter durch die Innenstadt nach Amsterdam Zuid verlaufen wird. Nach mehreren Bauunterbrechungen wird die Inbetriebnahme frühestens 2017 erfolgen.

2004 Königin Juliana stirbt am 30. März. – Ein im Lande geborener Marokkaner ermordet den wegen seiner islamkritischen Filme umstrittenen Regisseur Theo van Gogh in Amsterdam.

2005 Bei einer Volksabstimmung lehnen die Niederländer den Verfassungsentwurf für die EU ab.

2010 Der Grachtengürtel wird zum UNESCO-Weltkulturerbe erklärt.

2012 Im September öffnet der vom Architektenteam Benthem Crouwel geschaffene Anbau des Stedelijk Museum seine Pforten. – Der Haschpass, mit dem der Verkauf weicher Drogen an ausländische Touristen verhindert werden sollte, wird wieder abgeschafft. Nun sollen die Kommunen entscheiden, ob sie Drogentourismus zulassen. In Amsterdam stehen die Coffeeshops nach wie vor auch Touristen offen.

2013 Im April wird das Rijksmuseum nach zehnjähriger Restaurierung wiedereröffnet. – Ende April dankt Königin Beatrix nach 33 Jahren zugunsten ihres Sohnes Willem-Alexander ab.

Badewanne oder Flugzeugträger – der kühne Erweiterungsbau des Stedelijk Museum für moderne Kunst

Nicht nur zur Weihnachtszeit erstrahlt die Magere Brug, das Wahrzeichen Amsterdams, in feierlichem Lichterglanz

Unterwegs

Der Dam – das Herz der Grachtenmetropole

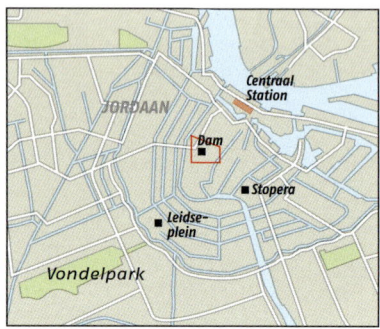

Die Siedlung **Amestelledamme** wurde um 1270 anlässlich der Errichtung eines Dammes an der Mündung der Amstel in die Zuiderzee, dem heutigen IJsselmeer, gegründet. Dieser Dam, der der Stadt ihren Namen gab, stand über 700 Jahre lang im Zentrum des Geschehens. Hier drängte sich das Volk bei Hinrichtungen um Schafott und Scheiterhaufen, hier priesen Marktfrauen lautstark Fisch an, hier stapelten sich exotische Waren aus Südostasien vor der Stadtwaage. Die 1565 erbaute Stadtwaage existiert allerdings nur noch auf Bildern. *Louis Napoleon*, 1806 von seinem Bruder Napoleon Bonaparte als König der Niederlande eingesetzt, ließ sie zwei Jahre später abreißen, um eine freie Sicht vom königlichen Palast auf den Hafen zu haben. Auch dieser existiert nicht mehr, wurde Ende des 19. Jh. zugeschüttet. An seiner Stelle erhebt sich heute das 1956 errichtete **Nationaal Monument**, mit dem man der Opfer des Nationalsozialismus gedenkt und das im Sommer von Einheimischen und Besuchern aus aller Welt bevölkert wird. Mit dem **Koninklijk Paleis**, dem prächtigen alten Rathaus aus dem 17. Jh., das seit Louis Napoleon von der königlichen Familie als Residenz genutzt wird, und der spätgotischen **Nieuwe Kerk**, dem zweitältesten Sakralbau Amsterdams, liegen weitere wichtige Sehenswürdigkeiten am Dam. Der zentrale Platz, das Herz der Altstadt, ist zudem idealer Ausgangspunkt für eine Erkundung der Grachtenmetropole.

1 Koninklijk Paleis

»Es ist ein schönes und imposantes Gebäude, geschmackvoll und einfach, groß und majestätisch; es entspricht ganz dem Begriff eines Hauses, aus dem dieser merkwürdigen Republik Gesetze gegeben werden«.

Arthur Schopenhauer

Dam
Tel. 020/620 40 60
www.paleisamsterdam.nl
Juli/Aug. tgl. 11–17 Uhr, in der übrigen Zeit unregelmäßig geöffnet (siehe Kalender auf der Homepage)
Straßenbahn: 1, 2, 4, 5, 9, 16, 20, 24, 25,
Bus: 21, 142, 170, 171, 172

13 659 – jedes Amsterdamer Schulkind kennt diese Zahl: Auf so vielen Baumstämmen nämlich steht der Königliche Palast. Der Magistrat ließ 1648, in dem Jahr, in dem der *Westfälische Friede* von Münster die Unabhängigkeit der Niederlande besiegelte, einen ganzen Wald von

über 20 m langen Fichtenstämmen dicht an dicht in den Schwemmsand am Dam rammen, um darauf ein neues Rathaus zu errichten. Der nach Plänen von *Jacob van Campen* (1595–1657) in siebenjähriger Bauzeit geschaffene Sitz der Stadtverwaltung ist das Prunkstück des niederländischen **Klassizismus**, der große niederländische Dichter *Constantijn Huygens* (1596–1687) sah in ihm bei »so viel Steinen hoch hinauf und so viel Holz darunter« gar das »Achte Weltwunder«. Mit Ausmaßen von 80 x 56 m und einem 51 m hohen Glockenturm war der Bau 150 Jahre lang das größte Rathaus Europas und ein prestigeträchtiges Symbol der Macht und des Wohlstands der Handelsstadt Amsterdam in der Blütezeit des 17. Jh., des Goldenen Zeitalters.

Als 1652 im Rathaus ein Feuer ausbrach, rief man Bürgerwehr und Armee, um das Bauwerk vor Eindringlingen zu schützen – schließlich lagerten hier die Geldreserven der Börse. Am Tag nach dem Brand zeigte sich das ganze Ausmaß des Schadens: 30 Mio. Silbergulden waren zu einem riesigen Klumpen Silber geschmolzen.

1808 machte der von seinem Bruder Napoleon Bonaparte als König der annektierten Niederlande eingesetzte *Louis Napoleon* das Rathaus zu seiner Residenz. Doch bereits zwei Jahre später hängte er seine Krone an den Nagel und verließ Amsterdam, unwillig, die für Holland verheerende Politik seines Bruders weiterhin mitzutragen [s. S. 14]. Zurück ließ er eine Sammlung herrlicher **Empire-Möbel** und ein Gesetz, dessen Einhaltung noch bis 1940 von der Palastwache kontrolliert wurde: Das Verbot, einen durch kleine Steine markierten Streifen Boden vor dem Palast zu betreten. Der Grund? Als der Franzose hier residierte, fand man eines Tages in einem Wachhäuschen einen ausgesetzten Säugling, und es hieß, der König werde für das Kind sorgen. Diesem grauste bei dem Gedanken an weitere Findelkinder, und so verordnete er den Bann.

Nach der Befreiung vom französischen Joch residierte *König Wilhelm I.* im Koninklijk Paleis. 1935 gelangte das Gebäude in staatlichen Besitz. Heute wird der Palast vom Königshaus zu offiziellen Empfängen genutzt.

Die strengen **Palastfassaden** von Vorder- und Rückseite mit ihren Reihen schmaler Fenster werden durch Eckrisalite und einen breiten, von einem Tympanon bekrönten Mittelrisalit akzentuiert. Der reiche Skulpturenschmuck der Giebelfelder stammt aus der Werkstatt des Antwerpener Bildhauers *Artus Quellinus* (1609–68). Er und seine Mitarbeiter, darunter Rombout Verhulst, haben 14 Jahre

Am Abend herrscht Beschaulichkeit – der Dam mit Löwe, Tram und Koninklijk Paleis

Festlich hohes Raumgebilde – der prunkvolle Burgerzaal des Koninklijk Paleis

lang daran gearbeitet. Die **Tympanon-skulpturen** an der dem Dam zugewandten Hauptfassade zeigen eine Allegorie der Stadt Amsterdam als Herrscherin der Meere – personifiziert durch die Amsterdamse Stedemaagd (Amsterdamer Stadtmagd), der Meeresgötter und Seeungeheuer huldigen. Im Tympanon an der Rückseite breiten die Allegorien der vier Weltteile ihre Schätze vor Amsterdam aus. Der **Turm** des Palastes trägt ein Glockenspiel aus der Werkstatt der berühmten Glockengießerbrüder *François* und *Pieter Hemony*, auf der Turmkuppel erinnert eine Wetterfahne in Form einer Kogge an jenen Schiffstyp, der im 17. Jh. entscheidend zum Reichtum der Hafenstadt beitrug.

Hauptattraktionen im **Inneren** des Palastes, der während gelegentlich stattfindender Empfänge nicht besichtigt werden kann, sind zwei imposante Räume, der Gerichtssaal und der große Bürgersaal. Im Eingangsbereich im Erdgeschoss befindet sich der ehemalige Gerichtssaal **Vierschaar**, in dem einst ausschließlich Todesurteile verkündet wurden, die der Henker unverzüglich auf dem Platz vor dem Gebäude vollstreckte. Drei große, 1650–52 geschaffene Reliefs mit antiken und alttestamentarischen Gerichtsszenen, die ebenso wie der Figurenschmuck am Außenbau aus der Werkstatt von Artus Quellinus stammen, mahnten die Richter an ihre Pflichten. Die Darstellung der ›Gnade‹ zeigt den griechischen Gesetzgeber Zaleukos, der sich ein Auge ausstechen lässt, um seinem zum Verlust beider Augen verurteilten Sohn eines zu retten (links). Im Relief der ›Weisheit‹ vermittelt König Salomon im Streit zweier Frauen um ein Kind (Mitte). Die dritte Gerichtsszene, die ›Gerechtigkeit‹, präsentiert den römischen Konsul Brutus, der seine eigenen Söhne enthaupten lässt (rechts).

Über eine schmale Treppe erreicht man den zwischen zwei Innenhöfen liegenden prunkvollen **Burgerzaal**, der mit 28 m fast die gesamte Höhe des Gebäudes einnimmt und zu den schönsten Festsälen Europas zählt. Über dem Eingang an der Damseite wacht, Palm- und Olivenzweig als Zeichen des Friedens in den Händen, die Amsterdamse Stedemaagd, flankiert von Personifikationen der ›Tapferkeit‹ und ›Weisheit‹, während über dem rückwärtigen Eingang der Sieg der ›Gerechtigkeit‹ über die ›Habgier‹ und den ›Neid‹ in den Gestalten des eselsohrigen Königs Midas und einer Frau mit Schlangen im Haar dargestellt ist. Der ›Tod‹ mit seiner Sanduhr und die ›Strafe‹ mit ihren Folterwerkzeugen stehen der ›Gerechtigkeit‹ zur Seite. Man betritt den Bürgersaal durch schwere, ebenfalls von Quellinus geschaffene Bronzetüren. Auf dem Marmorfußboden – die kupfernen Einlegearbeiten stellen die beiden Erdhälften und den nördlichen Sternenhimmel dar und unterstreichen den damaligen Anspruch der Stadt auf die Führungsrolle im Welthandel – führten Kronprinzessin Beatrix und Claus von Amsberg (1926–2002) 1966 frisch vermählt zu Strauß'schen Walzerklängen den Hochzeitsball an, während draußen lautstark »Claus raus!«-Rufe gegen den Palast brandeten. Das Volk war erzürnt über die Verbindung mit dem Deutschen. Reichlich Marmor findet man auch an den Wänden und Säulen des hohen Saals, nur die oberen Wandpartien wurden – um das Gewicht zu reduzieren – mit hölzernem Marmorimitat ausgekleidet. Aus demselben Grund entschied man sich auch für ein leichtes hölzernes Tonnengewölbe. Zahlreiche allegorische Wand- und Deckengemälde schmücken den Saal, einige stammen von den Rembrandt-Schülern *Govert Flinck* (1615–60) und *Ferdinand Bol* (1616–80), andere von *Jan Lievens* (1607–74) und *Jacob Jordaens* (1593–1678). Außerdem sieht man Skulpturen und Reliefs aus Marmor von Artus Quellinus und Rombout Verhulst.

Rembrandt (1606–69) übrigens brachte das Rathaus offensichtlich kein Glück. Erst hatten die Stadtväter das von ihm in ihrem Auftrag geschaffene monumentale Gemälde ›Die Bataver schwören dem Claudius Civilis Treue‹ (heute Nationalmuseum Stockholm) zurückgewiesen, später musste das bankrotte Malergenie in der Konkurskammer, der **Desolate Boedelskamer** an der Ostseite des Bürgersaals, seine Vermögensverhältnisse offen legen. Diese ›Kammer‹ ist einer von mehreren Diensträumen, die den Bürgersaal umgeben und auf deren Funktion Gemälde über den Eingängen hinweisen. So ist über der Konkurskammer der ›Sturz des Ikarus‹, umgeben von leeren Geldtruhen, zerfledderten Geldbörsen, Giftpflanzen und Ratten, die an Stapeln unbezahlter Rechnungen nagen, zu sehen.

Dem Geschmack der Stadtväter entsprechend, die sich selbst gerne mit römischen Konsuln verglichen, boten die Künstler eine ganze Phalanx antiker Gottheiten als Figurenschmuck der Galerien auf: Apoll und Jupiter sowie Diana und Merkur posieren auf der Südgalerie, Saturn und Mars, Venus und Kybele stehen auf der Nordgalerie.

▶ **Audio-Feature**
Koninklijk Paleis
QR-Code scannen [s. S. 5]
oder dem Link folgen:
www.adac.de/rf0808

2 Nieuwe Kerk

TOP TIPP *Interessante Wechselausstellungen locken mehr Besucher an als die selten abgehaltenen Gottesdienste.*

Dam
Tel. 020/638 69 09
www.nieuwekerk.nl
tgl. 10–17 Uhr
Straßenbahn: 1, 2, 4, 5, 9, 11, 13, 16, 17, 20, 24, 25
Bus: 21, 142, 170, 171, 172

Gegenüber vom Koninklijk Paleis erhebt sich die Nieuwe Kerk, die Neue Kirche, die allerdings nicht so neu ist, wie ihr Name vermuten lässt. Ihre Stiftungsurkunde nämlich datiert von 1408 und weist sie damit als eine der ältesten Kirchen Amsterdams aus. Das riesige Gotteshaus, eine spätgotische Basilika auf kreuzförmigem Grundriss, wurde bereits im frühen 15. Jh., noch vor der Fertigstellung, durch einen Brand verwüstet. Weitere, teils verheerende Feuersbrünste folgten. Beim Wiederaufbau Mitte des 16. Jh. hatte das Innere eine prächtige Ausstattung erhalten, die jedoch 1566 und 1578 von fanatischen Bilderstürmern zerstört wurde.

Seit Anfang des 19. Jh. dient die Kirche den niederländischen Regenten als ›Krönungskirche‹ – eine Krönung jedoch sieht die niederländische Verfassung gar nicht vor, lediglich eine Investitur (Amtseinsetzung). Wilhelm I. war 1815 der erste, der hier feierlich in sein Amt eingesetzt wurde, 1980 folgte ihm Königin Beatrix, 2013 der neue niederländische König Willem-Alexander. Heute finden in der Nieuwe Kerk aufgrund des geringen Interesses nur noch selten Gottesdienste statt. Vielmehr nutzt man die herrliche Atmosphäre des Sakralbaus regelmäßig für Orgelkonzerte, Kunst- und Antiquitätenausstellungen.

Wer nach einem der Größe der Kirche angemessenen Glockenturm sucht, tut das vergebens: Auf dem Dach hockt nur ein unscheinbares **Vierungstürmchen**, das schwer an seinen drei Glocken aus der Werkstatt von *François Hemony* trägt. Zwar hatte es bereits 1565 Pläne für einen mächtigen Turm gegeben, mit seinem Bau wurde jedoch erst nach dem Brand von 1645, der die Kirche schwer beschädigt hatte, begonnen. Um für eine standfeste Basis zu sorgen, rammte man auch hier Tausende Baumstämme in den Untergrund. Schon nach wenigen Jahren kam es jedoch zum Baustopp – vermutlich aus finanziellen Gründen, denn das zeitgleich errichtete Rathaus verschlang alle vorhandenen Mittel. Außerdem befürchteten die Ratsherren, ein monumentaler Kirchturm könne das benachbarte Rathaus allzu sehr überragen.

Das weite dreischiffige **Kircheninnere** mit dem mächtigen Querhaus birgt einige sehenswerte Kunstwerke, von denen während einer Ausstellung allerdings häufig manches schwer zugänglich oder von Verkleidungen verdeckt ist. Die herrlichen Glasmalereien der Fenster, die aus verschiedenen Jahrhunderten stammen, stellen historische Ereignisse der Stadt Amsterdam dar. Eines von 1590 zeigt die Übergabe des Stadtwappens durch Graf Willem IV. Jüngeren Datums, von 1898, ist das ›Königsfenster‹ mit der Inthronisation von Königin Wilhelmina. Die imposante sechseckige **Kanzel** im Mittelschiff schuf *Albert Jansz. Vinckenbrinck* innerhalb von 15 Jahren (1649–64). Ihr reicher Figurenschmuck, die vier Evangelisten und die Tugenden ›Glaube‹, ›Liebe‹, ›Hoffnung‹ sowie ›Gerechtigkeit‹ und ›Vorsicht‹, zählt zu den Meisterwerken barocker niederländischer Holzschnitzkunst. Musizierende und tanzende Putten, Vögel, Blumen und Früchte sowie, im oberen Bereich, der von musizierenden Frauen umgebene König David schmücken die große

Orgel von 1670, deren Front *Jacob van Campen* gearbeitet hat. Ein wuchtig-imposantes Chorgitter aus Messing von ca. 1650 grenzt den Chor vom Querhaus ab. In der Apsis, anstelle des Hochaltars, prunkt das vom Mechelener Bildhauer *Rombout Verhulst* (1614–98) geschaffene barocke **Grabmal von Admiral Michiel de Ruyter**. Der holländische Seeheld wurde 1676 in der Schlacht gegen die Franzosen nahe der sizilianischen Küste tödlich verwundet. Weitere berühmte Persönlichkeiten, die in der Kirche ihre letzte Ruhestätte fanden oder mit Kenotaphen geehrt werden, sind die Dichter Joost van den Vondel und Pieter C. Hooft, der Arzt Nicolaas Tulp, die Glockengießerbrüder François und Pieter Hemony, die Seefahrer Jan van Galen, Jan van Kinsbergen und Jan van Speyk. Letzterer wurde zum Helden, indem er sich und die Besatzung seines Kanonenbootes 1831 während des belgischen Unabhängigkeitskampfes im Hafen von Antwerpen in einem ebenso heroischen wie sinnlosen Akt in die Luft sprengte, um nicht kapitulieren zu müssen. Wie es heißt, hat man von ihm nur noch einen Fetzen Haut gefunden, der jetzt, in Spiritus konserviert, im Het Scheepvaartmuseum [s. S. 99] zu besichtigen ist.

Die Nieuwe Kerk besticht durch bedeutende Kunstwerke wie die barocke sechseckige Kanzel

3 Nationaal Monument

Das Mahnmal für die Opfer des Zweiten Weltkriegs ist ein beliebter Treffpunkt für Einwohner und Besucher.

Dam
Straßenbahn: 1, 2, 4, 5, 9, 13, 14, 16, 17, 24, 25
Bus: 21, 142, 170, 171, 172

Auf der anderen Seite des weiten Platzes Dam ragt unübersehbar der 22 m hohe Obelisk des nach Plänen des Architekten *J. J. P. Oud* erbauten Nationaal Monument empor, ein Mahnmal zum Gedenken an die Opfer des Zweiten Weltkriegs. Die Skulpturen des Bildhauers *John Raedecker* verkörpern ›Krieg‹ (vier Männer), ›Frieden‹ (Frau mit Kind) und ›Widerstand‹ (Männer mit Hunden). An der Rückseite wurden zwölf Urnen mit Erde aus elf niederländischen Provinzen – die zwölfte, Flevoland, wurde erst 1986 gegründet – und mit Erde von Ehrenfriedhöfen in Indonesien eingemauert. Um das Denkmal zu finanzieren teilte man den Dam in 400 000 Parzellen auf und verkaufte diese symbolisch. Seit seiner Einweihung am 4. Mai 1956, dem nationalen Trauertag, findet hier alljährlich an diesem Tag im Beisein der Königlichen Familie eine Gedenkfeier statt.

4 Grand Hotel Krasnapolsky

 TOP TIPP

Spitzenhotel mit stilvollem Wintergarten.

Dam 9
[s. S. 130]
Straßenbahn: 1, 2, 4, 5, 9, 13, 14, 16, 17, 24, 25
Bus: 21, 142, 170, 171, 172

Der 1880 eröffnete Wintergarten, dessen ursprüngliches Aussehen bis heute bewahrt werden konnte, ist das Glanzstück des ansonsten eher unscheinbaren Grand Hotels. Gusseiserne Bögen tragen sein 487 m² großes Glasdach, unter dessen First sich zahlreiche Wappen reihen. In den Giebelfeldern thronen die ›Amsterdamse Stedemaagd‹ und die ›Maagd van Holland‹, während die Seitenwände Wandmalereien und Spiegel im Stil des Art déco schmücken. Das von den Amsterdamern schlicht ›Kras‹ genannte Hotel ist genau die richtige Adresse, um in gepflegter Umgebung fürstlich zu dinieren.

Das Nationaal Monument – Mahnmal für die Opfer des Zweiten Weltkrieges

Der englische Schriftsteller *Joseph Conrad*, der 1887 während eines bitterkalten Winters als Erster Offizier eines Seglers im Hafen von Amsterdam auf Ladung warten musste, konnte die Eiseskälte auf dem Schiff, wo trotz bullernden Ofens die Tinte gefror, nicht ertragen, nahm täglich die Pferdetram in die Stadt und suchte im Wintergarten des Krasnapolsky Zuflucht. In ›The Mirror of the Sea‹ erinnert er sich an das überaus prächtige Café: »Es war ein riesiges Lokal, sehr vornehm mit viel Vergoldung und roten Plüschmöbeln, dazu strahlendem elektrischen Licht, und so gut geheizt, dass sich sogar die Marmortische lauwarm anfühlten«.

Wäre Conrad ein paar Jahre früher dort gewesen, vielleicht hätte er sich dann

Der stilvolle Wintergarten des Grand Hotel Krasnapolsky ist ideal für eine Kaffeepause

über zu viel Hitze beklagt. Denn zunächst hatte der Besitzer Krasnapolsky gut 4000 Gaslampen installieren lassen, die nicht nur die Gäste im Wintergarten arg ins Schwitzen, sondern sogar die Pflanzen zum Verdorren brachten. Schon nach sechs Monaten erhielt er jedoch die Erlaubnis, die Gasbrenner durch Glühlampen zu ersetzen. Stets auf technische Neuerungen erpicht war er auch der erste in der Stadt, der in seinem Hotel öffentliche Telefone betrieb und neben einer Herrentoilette auch eine für Damen einrichtete – damals eine Sensation.

5 Madame Tussaud's

Filiale des berühmten Londoner Wachsfigurenkabinetts.

Dam 20
Tel. 020/522 10 10
www.madametussauds.com
tgl. 10–18.30, Juli/Aug. tgl. 10–20.30 Uhr
Straßenbahn: 1, 2, 4, 5, 9, 13, 16, 17, 24, 25
Bus: 21, 142, 170, 171, 172

Ob Rembrandt oder Van Gogh, Wilhelm von Oranien, Hollands Fußballidol der 1970er Johan Cruijff und natürlich die drei

Szenen des 17. Jh. bei Madame Tussaud's – Jan Vermeer malt die Dame mit der Laute

Königinnen der Niederlande – bei Madame Tussaud's sind sie alle vertreten, die Großen des Landes aus längst vergangenen Zeiten und der Gegenwart, natürlich allesamt in Wachs. Die 1970 eröffnete umfangreiche Ausstellung war das erste Wachsfigurenkabinett außerhalb Londons. Zusammen mit Barack Obama und Nelson Mandela, Justin Timberlake, Robbie Williams, Sylvie van der Vaart, dem unvermeidlichen Glamour-Paar Brad Pitt und Angelina Jolie sowie Albert Einstein, Mahatma Gandhi, Marilyn Monroe und vielen anderen bilden die Wachsfiguren eine illustre Schar von über hundert bekannten Persönlichkeiten aus älterer und jüngerer Geschichte, Politik, Wissenschaft und Showbusiness.

Madame Tussaud's ist jedoch mehr als nur eine Sammlung wächserner Figuren. Mit viel Liebe zum Detail sind hier Facetten aus dem *Goldenen Zeitalter* zusammengestellt, darunter auch lebensgroß inszenierte Meisterwerke Jan Vermeers und Jan Steens. Zudem können Besucher in die Kulissen von Kinohits eintauchen.

6 Magna Plaza

Die frühere Hauptpost wurde in ein modernes Shopping Center verwandelt.

Nieuwezijds Voorburgwal 182
www.magnaplaza.nl
Straßenbahn: 1, 2, 5, 13, 14, 17
Bus: 170, 172

›Birnenburg‹ tauften die Amsterdamer den neogotischen, rot-weiß gestreiften Backsteinbau der einstigen Hauptpost hinter der Nieuwe Kerk wegen seiner birnenförmigen Turmspitzen. 1992 kaufte der schwedische Millionär Magnusson das Ende des 19. Jh. von Cornelius H. Peters geschaffene Bauwerk und wandelte es in eine Shopping Mall um. Heute sind hier etwa 30 Geschäfte versammelt, vor allem Modegeschäfte, aber auch Juweliere, Konfiserien, Parfümerien, ein Käseladen sowie ein Grand Café. Ein Streifzug durch die lichte, vierstöckige Säulengalerie lohnt sich auch für Besucher, die nur schauen möchten.

Prachtvoller Rahmen – das Shopping Center Magna Plaza in der früheren Hauptpost

Der Damrak – die belebte Eintrittspforte nach Amsterdam

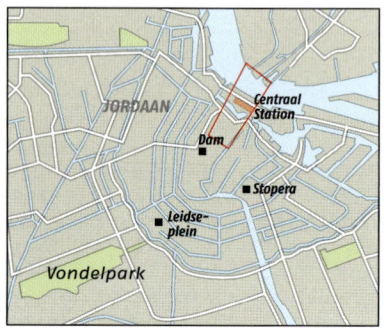

Früher reisten die Händler und Kaufleute meist auf dem Schiffsweg an, heute ist die Centraal Station, der am alten Hafen gelegene Hauptbahnhof, das Tor nach Amsterdam. Der **Damrak** war ursprünglich ein Nebenarm der Amstel, wurde aber im 19. Jh. zugeschüttet. Wo sich während des Goldenen Zeitalters an den Kais *Leichter* und *Koggen* reihten, schieben sich heute Ströme von Fußgängern über das Trottoir, vorbei an Fastfood- und Souvenirläden. Doch mit der **Centraal Station**, einem überaus prächtigen Gebäude im Stil des Historismus, dem neuen **EYE Film Instituut Nederland** am Nordufer des IJ, und der einstigen Kaufmannsbörse **Beurs van Berlage** stehen im Bereich des alten Hafens auch drei wichtige Baudenkmäler Amsterdams.

7 Centraal Station

Poort van Amsterdam – Tor nach Amsterdam – wird der Bahnhof am alten Hafen auch genannt.

Stationsplein
Metro: 51, 53, 54
Straßenbahn: 1, 2, 4, 5, 9, 13, 16, 17, 24, 25
Bus: 18, 21, 22, 32–36, 39, 43, 59, 92, 94, 100, 104, 106–108, 110–112, 114–117, 142, 170–172, 326

Keinen Fuß werde er in diesen katholischen Bau setzen, hatte *König Wilhelm III.* anlässlich der Eröffnung der Centraal Station verkündet. Der Amsterdamer Hauptbahnhof entstand in den Jahren 1877–89 nach Plänen von *Petrus J. H. Cuypers* (1827–1921), eines Architekten aus der katholischen Provinz Limburg, der überwiegend Sakralbauten schuf, unter Mitwirkung seines Kollegen *A. L. van Gendt* (1835–1901). Einstimmig lehnte auch der Amsterdamer Stadtrat den neuen Bahnhof ab, nicht jedoch wegen der deutlichen kirchenbaulichen Anleihen, sondern wegen des Standortes am alten Hafen, über den in Den Haag entschieden worden war. Der Hauptbahnhof schloss nun den einstmals offenen Hafen gegen die Stadt ab – und die Jahrhun-

Verspielte Türme und Giebel prägen die Architektur der Centraal Station

derte alte Wasserfront war damit unwiederbringlich zerstört.

Als Untergrund für die Centraal Station wurden im Becken des einst geschäftigsten Hafens der Welt drei künstliche Inseln aufgeschüttet und 8687 Pfähle 12 m tief in den Sand getrieben. Der Bahnhof, ein lang gestrecktes rotes Backsteingebäude im Stil des niederländischen Historismus, zählt zu den prächtigsten Bauwerken der Grachtenstadt. Die *Fassade* mit ihrem erhöhten Mittelgiebel und den beiden Uhrtürmen wird im oberen Bereich von den Wappen der Niederlande und der Stadt Amsterdam geschmückt sowie von jenen einiger ausländischer Städte, zu denen eine Bahnverbindung besteht, u. a. Madrid, Wien und St. Petersburg. Allegorische Darstellungen im unteren Bereich der Türme und oberhalb der Fenster präsentieren Handel, Ackerbau und Viehzucht sowie Zivilisation, Brüderlichkeit und Gemeinwohl. Die Einzelfiguren stellen griechische Götter dar.

Seit Jahrzehnten erfährt der Bahnhof eine tiefgreifende Umgestaltung. Viele der alten Eichenpfähle wurden durch Betonsäulen ersetzt, und eine neue Metrolinie unterquert den Bau von Nord nach Süd. Die Bauarbeiten werden noch bis 2017 andauern. Gleichwohl kann man es sich in der Centraal Station vor Abfahrt des Zuges durchaus gemütlich machen. Es gibt ein Shopping Center, Fast Food Restaurants und Cafés.

Eine besondere Attraktion im Inneren des Bahnhofsgebäudes ist die *Wachtkamer 1e Klas* in der Abfahrtshalle, der ganz im Jugendstil gehaltene, eichenholzgetäfelte frühere Wartesaal der 1. Klasse. Brauchte man früher ein entsprechendes Bahnticket um Einlass zu erhalten, kann man heute die herrliche Atmosphäre bei einer Tasse Kaffee im **Grand Café 1e Klas** genießen [s. S. 125]. Links nebenan befindet sich hinter einem mächtigen schmiedeeisernen Gittertor der Königliche Wartesaal.

Das EYE am IJ – scharfe Schnitte bietet auch die Architektur des neuen Filminstituts

8 EYE Film Instituut Nederland

In einem eiförmigen weißen Neubau am Ufer des IJ ist das Filmmuseum zum Publikumsliebling avanciert.

IJ Promenade 1
Tel. 020/589 14 00
www.eyefilm.nl
Ausstellungen tgl. 10–18 Uhr
Fähre: von der Centraal Station zum Buiksloterweg, 24 Std., kostenlos

Hinter der Centraal Station legen die Fähren ab, die zum spektakulären, im Juni 2012 eröffneten Domizil des EYE Film Instituut am Nordufer des Flusses IJ schippern. Das österreichische Architektenbüro *Delugan Meissl* entwarf den weißen augenförmigen Bau, ein Publikumsmagnet für Filmliebhaber – und Fans moderner Architektur – mit vier Kinos, einer permanenten Schau im Untergeschoss und spannenden Wechselausstellungen, welche die Weltgeschichte des Kinos vom Stummfilm des frühen 20. Jh. bis zum Digitalfilm der Gegenwart beleuchten. Die Sammlungen des EYE umfassen neben Filmen aus aller Welt Dokumente von Filmemachern und Kritikern, Filmplakate, Partituren zu Filmmusik und eine Bibliothek. Für all diese Archive soll ein weiterer Neubau unweit des EYE entstehen. Doch zurück zum gleißend weißen Glamour des EYE. Nach Besichtigung der Ausstellungen und dem Filmvergnügen können Besucher von Restaurant und Bar EYE (So–Do 10–1, Fr/Sa 10–2 Uhr, Tel. 020/589 14 02, www.eyebarrestaurant.nl), einem Saal mit großen Glasfronten, oder im Sommer von der großen Terrasse die Aussicht genießen – über den Fluss, auf dem Lastkähne und Schiffe tuckern, auf die zahllosen Züge, die die Centraal Station anlaufen, und auf die Altstadt.

9 Beurs van Berlage

Da in der Kaufmannsbörse nicht nur die Kurse schwankten, musste der instabile Untergrund gesichert werden. Heute ist die frühere Börse ein Kulturzentrum.

Damrak 243
Tel. 020/530 41 41
www.beursvanberlage.nl
Café Mo–Sa 10–18, So 11–18 Uhr
Straßenbahn 4, 9, 16, 24, 25

Als die großen Metropolen Europas schon lange respektable Handelshäuser vorweisen konnten, spielte sich der überaus rege Handel in Amsterdam noch immer auf der Straße und – bei Regen –

auch in der Oude Kerk ab. Das sollte sich zu Beginn des 17. Jh. ändern. Deshalb schickte die Stadt ihren Baumeister *Hendrik de Keyser* (1565–1621) nach London, um sich von der Architektur der dortigen Börse inspirieren zu lassen. 1608 war De Keysers **Koopmansbeurs** fertiggestellt, ein repräsentatives, am Rokin gelegenes Bauwerk, das die Amstel überspannte. Mit umgelegten Masten konnten die Schiffe unter der Börse hindurchfahren. 1835 wurde das Gebäude abgerissen. Zehn Jahre später errichtete man ein neues Börsengebäude am Dam, das, als der Untergrund bereits wenige Jahrzehnte nach Fertigstellung abzusacken begann, Anfang des 20. Jh. ebenfalls abgerissen werden musste. An seiner Stelle erhebt sich heute das Kaufhaus *De Bijenkorf*. Ein drittes Handelsgebäude, die Beurs van Berlage, entstand am Damrak.

Die nach ihrem Erbauer *Hendrik Petrus Berlage* (1856–1934) benannte Beurs van Berlage wurde 1903 nach fünfjähriger Bauzeit eröffnet und markiert den Beginn **moderner Architektur** in den Niederlanden. Mit dem von drei Arkaden überspannten Eingangsbereich und dem quadratischen Turm erinnert das Gebäude zwar an mittelalterliche italienische Kommunalpaläste, mit den strengen Linien und Formen sowie dem spär-

lichen Fassadenschmuck hebt es sich jedoch deutlich von dem damals vorherrschenden Stil des Historismus ab.

Der Architekt beteiligte eine Anzahl von Künstlern anderer Disziplinen an

Freiheit und Handel – allegorische Glasmalereien im Sitzungssaal der Beurs van Berlage

In De Bijenkorf, dem größten Kaufhaus der Stadt, werden Einkaufsträume wahr

seinem Bauwerk. Die Wandmalereien, die man beim Besuch des Cafés in der ehemaligen Börse bewundern kann, ließ er von Jan Toorop und Roland Holst ausführen, die Glasfenster von Antoon J. der Kinderen, die Skulpturen stammen aus den Werkstätten von Lambertus Zijl und Mendes da Costa. An der Gebäudeecke Damrak/Beursplein harrt, in Stein gehauen, Gijsbrecht van Amstel aus, ein holländischer Adliger des 13. Jh., während man mit der Statue Jan Pieterszoon Coens an der Südostecke den ebenso erfolgreichen wie skrupellosen Eroberer von Jakarta und einstigen Gouverneur der Kolonien in Asien ehrt.

1987 verließ mit dem Optionshandel der letzte Teil der Börse sein Stammhaus gen Beursplein, nur 200 m den Damrak abwärts. Heute finden im Berlage Zaal, im beeindruckenden zentralen Börsensaal mit seinem von einer Eisenkonstruktion getragenen Glasdach und backsteinernen Umläufen und in den zahlreichen weiteren Sälen regelmäßig Ausstellungen, Kongresse, Konzerte und andere Veranstaltungen statt. Das *Safe-Depot* der Börse, ein mahagonigetäfelter Saal mit Messinglampen und den alten Tresoren mit ihren dekorierten Türen ist nur noch im Rahmen besonderer Feierlichkeiten zugänglich.

10 De Bijenkorf

Das erste Kaufhaus der Niederlande ist noch immer eine Institution.

Dam 1
www.bijenkorf.nl
Straßenbahn: 1, 2, 4, 9, 13, 14, 16, 17, 24, 25
Bus: 21

Außen im Stil von 1900, innen modern, so präsentiert sich das De Bijenkorf, in dem es tatsächlich geschäftig zugeht wie in einem Bienenkorb. *Simon Philip Goudsmith* ließ 1912–14 am zentralen Dam anstelle der Kaufmannsbörse von 1845 das erste niederländische Großkaufhaus errichten, ein neobarockes Gebäude mit klassizistischen Elementen. Heute lockt das Bijenkorf durch sein vielfältiges und qualitätvolles Angebot täglich Tausende von Amsterdamern und Besuchern an.

Transport zu Wasser und zu Lande

Die engen, von Grachten durchzogenen Straßen Amsterdams mit Hunderten von Brücken haben den Bewohnern seit jeher viel Fantasie abverlangt, wenn es darum ging, den Verkehr in der Stadt zu meistern. Kahn und Boot waren und sind das adäquate **Transportmittel**, und wenn man sich heute auch nicht wie in Venedig von Gondolieri herumfahren lassen kann, so steht doch das **Wassertaxi** zur Verfügung – und für die Touristen natürlich zahllose Ausflugsboote, die Rundfahrten durch die Grachten anbieten.

In Amsterdam herrschte schon im Mittelalter ein **hohes Verkehrsaufkommen**. Händler und Reisende mussten daher ihre Fuhrwerke auf Plätzen vor den Stadttoren ›parken‹ und ihre Waren auf kleinere Gefährte umladen. Nicht alle Karren hatten jedoch Räder, wie Arthur Schopenhauer bemerkte, als er sich im Jahr 1803, damals war er 15 Jahre alt, mit seiner Mutter Johanna in der Stadt aufhielt: »… sehr auffallend für Fremde sind die sogenannten Schleifen. Dies sind Kutschen ohne Räder, die auf zwei gebogenen Hölzern wie Schlitten ruhen und von einem Pferd langsam gezogen werden«. Die **Kutschen mit Kufen** hatte der Stadtrat verordnet, um die Lärmbelästigung durch das Rattern der Räder auf dem holprigen Pflaster zu mindern. Und damit die Schleifen sanft und geräuscharm gleiten konnten, mussten sie häufig eingefettet werden.

Schwere **Gespanne** allerdings kamen nur mühsam über die stark gewölbten Brücken hinweg. Hätten da nicht einfallsreiche Männer den Beruf des **Kar-ga-door** (Karren-geh-durch) erfunden, wären die Stauberichte schon damals endlos lang ausgefallen. Mit Seil und Haken ausgerüstet, postierten sie sich an den Brücken und verdienten ihr täglich Brot, indem sie halfen, die Karren auf die andere Seite zu ziehen. Manche Unternehmer setzten dagegen auf **Minigespanne**. So ließen die Milchmänner ihre Wägelchen noch bis 1930 von Hunden ziehen und halfen bei den Brückenüberquerungen tatkräftig mit.

1872 wurde die Straßenbahn eingerichtet und ständig weiterentwickelt, von der Pferdetram über die Dampftram zur Elektrischen. Sie ist heute aus dem Amsterdamer Stadtbild nicht wegzudenken. Das batteriebetriebene **Witkar**, ein weißes Elektroauto, das in den 1960er-Jahren aufgetaucht war, konnte sich hingegen nicht durchsetzen. Ursprünglich sollten 1500 dieser umweltfreundlichen Fahrzeuge, die gegen einen geringen Fahrpreis von den Mitgliedern der Vereinigung ›Witkar‹ benutzt werden konnten, durch Amsterdams Straßen rollen, doch brachte man es nur auf 35. Und weil diese zu oft auf halber Strecke liegen blieben, wurde der Betrieb alsbald eingestellt. Auch das Unternehmen **Weißes Fahrrad** scheiterte kläglich. Die Fahrräder standen zur kostenlosen Benutzung bereit und sollten nach Gebrauch einfach für den nächsten Fahrradfahrer stehengelassen werden, doch waren alle zur Verfügung gestellten Exemplare bereits nach wenigen Tagen verschwunden. Amsterdam mit seinen vielen schmalen Straßen und Gassen ist einfach eine Fahrradstadt, besonders nachdem weite Teile der Altstadt verkehrsberuhigt wurden. Daran ändert auch die Tatsache nichts, dass gut 200 000 der knapp 600 000 Räder alljährlich gestohlen werden.

Mit einem Boot fährt man in Amsterdam immer noch am besten

Nieuwe Zijde – Oasen der Ruhe inmitten der lärmenden Großstadt

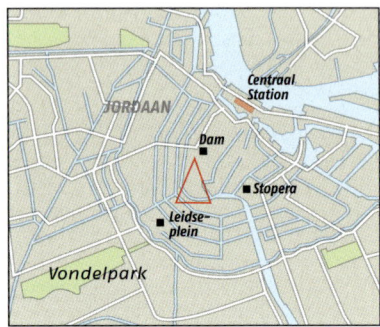

Westlich von Damrak und Rokin erstreckt sich – vom alten Hafen bis zum weiten Spui-Platz – der Stadtteil **Nieuwe Zijde**, Neue Seite, der besonders im südlichen Teil zwischen Dam und Munttoren einige Sehenswürdigkeiten bietet. Durch die parallel zur Nieuwe Zijde verlaufende **Kalverstraat**, Amsterdams beliebteste Shoppingmeile, schiebt sich Tag für Tag ein von früh bis spät nicht abreißender Strom aus Bewohnern und Besuchern aus aller Welt. Ebenso international ist auch die Palette an Modegeschäften, denn hier sind viele Labels vertreten, die man auch aus anderen europäischen Metropolen kennt. Zugleich, unbeeindruckt vom lärmenden Trubel der Großstadt, behaupten sich nur wenige Schritte entfernt wahre Oasen der Ruhe, allen voran der begrünte **Begijnhof** mit seinen adretten Giebelhäusern. In unmittelbarer Nachbarschaft liegen die **Schuttersgalerij**, ein einzigartiges Museum holländischer Schützengemälde des 17. Jh., und das **Amsterdam Museum**, das im früheren Waisenhaus der Bürgerschaft eine Fülle an Exponaten und Dokumentationen zur Stadtgeschichte ausbreitet. Auf dem von beliebten und belebten Cafés und Kneipen gesäumten **Spui** und dem quirligen **Bloemenmarkt** lässt man das Idyll vergangener Jahrhunderte hinter sich und taucht erneut ein in das Amsterdam der Gegenwart.

Das Amsterdam Museum in den Räumlichkeiten des einstigen St. Luciënklosters

11 Amsterdam Museum

Die sehenswerte Sammlung, untergebracht im ehemaligen Waisenhaus der Bürgerschaft, gewährt interessante Einblicke in die Geschichte der Stadt.

Eingänge: Kalverstraat 92,
Sint Luciënsteeg 27,
Nieuwezijds Voorburgwal 357
Tel. 020/523 18 22
www.amsterdammuseum.nl
tgl. 10–17 Uhr
Straßenbahn: 1, 2, 4, 5, 9, 14, 16, 24, 25

Am Amsterdam Museum – die Kaiserkrone Maximilians I. ziert das Stadtwappen

Das südlich des Dam gelegene Amsterdam Museum ist für alle Besucher, die sich ein umfassendes Bild der Grachtenmetropole machen möchten, ein Muss. Anhand von archäologischen Funden, Gebrauchsgegenständen, Grafiken, Gemälden und Gebäudemodellen sowie einem audiovisuellen Programm wird der Besucher durch über 700 Jahre wechselvoller Geschichte geführt. Besonders breiten Raum nimmt das 17. Jh ein, das *Goldene Zeitalter* der Niederlande. Auch die jüngere Geschichte Amsterdams vom Anfang des 19. Jh. bis in die Gegenwart kommt nicht zu kurz. Ergänzt wird die Präsentation durch Wechselausstellungen zu speziellen Themen.

Mehrere Zugänge führen in den großen Innenhof des verwinkelten Häuserkomplexes. Durch die *Kalverstraat* erreicht man den Haupteingang, ein leicht schiefes Portal, über dem die Worte des Dichters *Joost van den Vondel* (1587–1679) mahnen: »Ach geht nicht durch dieses Tor, ohne dass ihr uns helft, die Last zu tragen«. Mit dieser Inschrift bat man um Hilfe für Waisenkinder, denn die Gebäude des ehemaligen St. Luciënklosters, das 1578 von den Calvinisten säkularisiert worden war, dienten von da an bis zum Jahr 1960 als Waisenhaus der Bürgerschaft. An diese Zeit erinnern auch die in die Wand eingelassenen Holzfächer des *Jongenbinnenplaats*, einem der Innenhöfe, in dem die Jungen ihre Habseligkeiten aufbewahren konnten. Der strikten Trennung der Wohnbereiche für Jungen und Mädchen diente ein Wassergraben, der während der Umbaumaßnahmen zwischen 1960 und 1975, dem Eröffnungsjahr des Museums, zugeschüttet wurde, um darüber die **Schuttersgalerij**, die Schützengalerie, errichten zu können. Kommt man von der Gasse *Gedempte Begijnenslot*, führt der Weg durch eben jene Galerie, eine verglaste Passage geschmückt mit sehenswerten Schützengemälden aus dem 16./17. Jh. [s. S. 34]. Den Eingang am *St. Luciënsteeg* wiederum schmücken über 40 alte Giebelsteine und Fassadenreliefs, die in eine Mauer eingearbeitet sind. Sie stammen größtenteils von nicht mehr erhaltenen Grachtenhäusern und verraten nicht nur den Namen der ehemaligen Hausbewohner, sondern auch deren Berufe.

Im Eingangsbereich liegt die *Regentenkamer* von 1634. Mit ihren herrlichen Deckenmalereien ist sie einer der schönsten Säle des Gebäudekomplexes. Hier versammelten sich einst die Förderer des Waisenhauses, größtenteils wohlhabende Kaufleute, um die Belange des Hauses und die ihrer Schützlinge zu besprechen.

Die Präsentation der Stadtgeschichte beginnt im Saal gegenüber zeitgemäß mit multimedialen Mitteln: Auf einem großen Bildschirm sind faszinierende Ansichten der Stadt aus der Vogelperspektive zu sehen. In den folgenden, gut zwei Dutzend Sälen, geht es chronologisch weiter, wobei besonders anhand von alten Gemälden und Grafiken eine

Fülle interessanter Eindrücke vom Amsterdamer Leben der vergangenen Jahrhunderte geboten wird.

Der älteste erhaltene ›Stadtplan‹ beispielsweise, die ›Vogelvluchtkaart‹ von *Cornelis Anthonisz* in Saal 4 stammt von ca. 1538 und zeigt, dass sich Bewohner des 16. Jh. durchaus auch heute noch in der Altstadt Amsterdams zurecht finden könnten. In Saal 5 beeindruckt ein Gemälde von *Hendrik Cornelisz. Vrooms*, der 1598 die Rückkehr der Segler von der zweiten Expedition nach Ostindien festhielt. Die Schiffe werden mit Salutschüssen empfangen. Die erfolgreiche Expedition leitete den unerhörten Aufschwung des holländischen Seehandels mit Südostasien und damit das Goldene Zeitalter ein. Wie es damals am Dam zuging, zeigt *Adriaan van Niuelandt* mit dem Umzug der Leprakranken in seinem 1633 geschaffenen Gemälde ›Koppertjesmaandag‹ in Saal 6. Einmal im Jahr zogen die in einem Heim außerhalb der Stadt lebenden Kranken durch die Straßen und Gassen und sammelten Almosen. Einige wurden auf Schlitten gezogen, einem damals durchaus üblichen Transportmittel.

Weitere interessante Amsterdamer Stadtansichten sind: ›De Beurs van Hendrik de Keyser‹ von *Job Berckheyde* (1668, Saal 8), ›Het interieur van de Oude Kerk‹ von *Emanuel de Witte* (1661, Saal 10), ›De intocht van Napoleon op de Dam in 1811‹ von *Mathieu Ignatius van Bree* (Saal 12) und ›De Dam‹ von *George Hendrik Breitner* (ca. 1895, Saal 20). Neben Exponaten aus der bildenden Kunst werden auch Amsterdamer ›Gebrauchsgegenstände‹ ausgestellt wie z. B. das *Witkar* in Saal 23. Das in den 1970er-Jahren eingeführte elektrisch betriebene Weiße Auto stand an zahlreichen in der Stadt eingerichteten Haltestellen für die Mitglieder der Vereinigung ›Witkar‹ bereit [s. S. 31].

Bei Amsterdamern und Besuchern gleichermaßen beliebt ist das über den Zugang Kalverstraat zu erreichende *Museumcafé Mokum*. Bei gutem Wetter kann man im Innenhof und Säulengang sitzen. Einer der Schlager vom Menü des Lokals sind die Pfannkuchen.

12 Schuttersgalerij

Der schmale Durchgang zwischen dem Amsterdam Museum und dem Begijnhof überrascht mit großformatigen Schützengemälden aus dem Goldenen Zeitalter.

Kalverstraat 92
tgl. 10–17 Uhr
Straßenbahn: 1, 2, 4, 5, 9, 14, 16, 24, 25

Die 1975 von Königin Juliana eingeweihte, frei zugängliche Schützengalerie, eine Ausstellungshalle auf dem Gelände des Amsterdam Museum, ist gewissermaßen aus der Not heraus entstanden. Die riesigen Gemälde, die Mitglieder verschiedener **Amsterdamer Schützengilden** darstellen, waren auf einem Dachboden entdeckt worden. Es stand jedoch keine Ausstellungsfläche zur Verfügung. Also schüttete man den Wassergraben im Innenhof des ehemaligen Waisenhauses zu und errichtete darüber einen glasverkleideten Gang, an dessen Wänden jetzt die Gemälde hängen.

Die Schützengilden, die sich im ausgehenden Mittelalter in allen niederländischen Städten formiert hatten, waren ursprünglich Bürgerwehren, die der militärischen Verteidigung dienten. Die **Schutters**, die Schützen, rekrutierten sich anfänglich hauptsächlich aus adeligen und wohlhabenden Familien, mit Anbruch des 17. Jh. vermehrt auch aus der bürgerlichen Schicht. Das Schützenstück

Das Wunder der Hostie

Am 15. März 1345 erbrach sich ein todkranker Mann, der kurz zuvor in seinem Haus in der Kalverstraat die Heilige Kommunion empfangen hatte. Die ins Feuer geschüttete erbrochene Hostie überstand Flammen und Glut unbeschadet. Hohe kirchliche Würdenträger trugen gemeinsam mit herbeigeeilten Glaubensbrüdern die Hostie in die Oude Kerk. Dort und in der zwei Jahre später in der Kalverstraat an der Stelle, an der vorher das Wohnhaus gestanden hatte, errichteten **Kapel ter Heilige Stede** bewirkte diese Reliquie, der ›Leib Christi‹, bei kranken Besuchern deren Genesung, was einen enormen Zustrom an Gläubigen bewirkte. Amsterdam wurde damals zum Wallfahrtsort. Der berühmteste Pilger war der habsburgische Kaiser Maximilian I., der hier vermutlich von der Gicht geheilt wurde. 1908 riss man die Kapelle ab. Wo die Reliquie heute aufbewahrt wird oder ob sie überhaupt noch existiert, ist nicht bekannt.

als Kunstgattung entstand im 16. Jh. und erfreute sich vor allem in der ersten Hälfte des 17. Jh. größter Beliebtheit. Zu dieser Zeit allerdings hatten die Schützengilden ihren militärischen Charakter bereits weitgehend verloren, und es stand das gesellige Beisammensein im Vordergrund.

Die 15 in der Schuttersgalerij ausgestellten großformatigen **Gemälde** zeigen die Entwicklung der Schützenstücke von frühen Beispielen mit leblos aneinander gereihten Einzelporträts über Werke mit steif posierenden Schutters beim Festbankett bis hin zu lebhaften Kompositionen mit Darstellern, die miteinander kommunizieren und in eine gemeinsame Handlung eingebunden sind. Besonders sehenswert ist das Gemälde des Rembrandt-Schülers *Govert Flinck* (1615–60), der 1648 das Zusammentreffen zweier Schützengruppen festhielt und das anspruchsvolle Sujet durchaus unterhaltsam zu gestalten wusste. Absolutes Glanzstück dieser Entwicklung ist jedoch das weltberühmte Schützenstück Rembrandts, die 1642 vollendete und im Rijksmuseum ausgestellte ›Nachtwache‹ [s. S. 78].

Die Schuttersgalerij zieren Gruppenporträts der Amsterdamer Schützengilden des 17. Jh.

13 Begijnhof

 Beschauliche Oase der Ruhe inmitten des Großstadttrubels.

Gedempte Begijnensloot, Eingang Spui, tgl. 9–17 Uhr (nur Einzelbesucher, die um Ruhe gebeten werden)
www.begijnhofamsterdam.nl
Straßenbahn: 1, 2, 4, 5, 9, 14, 16, 24, 25

Über die ganze Innenstadt verteilt findet man eine Reihe idyllischer **Hofjes**, Wohnhöfe, die größtenteils im Mittelalter errichtet wurden, um alleinstehenden oder verwitweten Frauen ein Leben als Laienschwestern in religiöser Abgeschiedenheit zu ermöglichen, ohne dass sie in ein Kloster eintreten mussten. Die Höfe wurden vielfach von wohlhabenden Kaufleuten gestiftet. Von den etwa 20 noch bestehenden Hofjes sind aus Rücksicht auf ihre heutigen Bewohner nur wenige zu besichtigen. Der älteste und zugleich bekannteste Amsterdamer Wohnhof, der im 14. Jh. gestiftete Begijnhof (Beginenhof), steht Besuchern offen, sofern sie die Privatsphäre der Bewohner respektieren. Der ursprüngliche Name der Gemeinschaft, **Beguine**, leitet sich vermutlich von *beggen* – beten – ab. Die letzte Begine, Schwester Antonia, starb 1971. Seit einigen Jahren erfreuen sich die Wohnhöfe besonders bei jüngeren Leuten großer Beliebtheit. So haben sich im Begijnhof neben älteren Damen inzwischen auch einige Studentinnen einquartiert.

Insgesamt 47 schmale Giebelhäuser mit gepflegten Vorgärten sowie zwei Kirchen säumen eine Wiese mit Bäumen und Blumen, deren Blüte im Frühjahr das ohnehin malerische Bild zusätzlich verschönt, ein grünes Idyll inmitten der Großstadt. Von der ursprünglichen Bebauung – das erste Haus der Hofanlage entstand 1346 – ist nach mehreren Bränden im 15. Jh. allerdings nichts mehr erhalten. Die heutigen Gebäude stammen größtenteils aus dem 17./18. Jh. Mit dem **Houtenhuis** (Hausnr. 34) hat gerade einmal ein einziges Haus die verheerenden Brände des 15. Jh. schadlos überstanden. Es stammt von 1470, ist das älteste Wohnhaus Amsterdams und zugleich einer der beiden letzten Holzbauten der Stadt. In die Wand links neben dem Houtenhuis wurden alte Giebel- und Reliefsteine von nicht mehr erhaltenen Wohnhäusern eingemauert, die zumeist Szenen aus dem Neuen Testament aufweisen, z. B. ›De Vlucht va Egipten‹. Von den heutigen Gebäuden tragen nur noch wenige solche Giebelsteine. Weiterhin sehenswert ist Haus Nr. 6, mit 1,45 m Breite eines der schmalsten Gebäude Amsterdams.

Hier lässt es sich gut leben – der schmucke Begijnhof mit seinen Giebelhäusern

Die um 1392 erbaute gotische **Kirche** (Mo 13–18.30, Di–Fr 9–18.30, Sa/So 9–18 Uhr, nach 17 Uhr Eingang am Spui nutzen) diente im Mittelalter als Gebetsstätte für Wallfahrer, denn hier wurde zwischenzeitlich die Hostienreliquie [s. S. 34] aufbewahrt. 1490 brannte das Gotteshaus ab, wurde jedoch rasch wieder aufgebaut. 1607 überließen die Calvinisten die Kirche den in England verfolgten und in die Niederlande geflohenen Presbyterianern. Noch heute ist die Kirche Gebetsstätte der englisch-presbyterianischen Gemeinde.

Nachdem die Calvinisten den Katholiken die Ausübung ihres Glaubens untersagt hatten, entstanden überall in der Stadt hinter den Fassaden von Privathäusern **Geheimkirchen**, so auch im Begijnhof in zwei benachbarten Häusern gegenüber der eigentlichen Kirche. Auch die Geheimkirche war jahrelang Aufbewahrungsort der Hostienreliquie. Die Kirchenfenster sowie mehrere Gemälde im Inneren erinnern an das Wunder.

▶ **Audio-Feature Begijnhof**
QR-Code scannen [s. S. 5] oder dem Link folgen: www.adac.de/rf0801

14 Spui

Amsterdams ›Quartier Latin‹ im Univiertel.

Straßenbahn: 1, 2, 4, 5, 9, 14, 16, 24

Ein schmaler Durchgang neben der Kirche führt vom Begijnhof direkt auf den Spui, einen belebten Platz mit einem Hauch von Pariser *Quartier Latin*. Hier pausieren die Studenten der nahen Universität, diskutieren Intellektuelle, stöbern Bücherfreunde auf dem freitäglichen Büchermarkt. Zum Verweilen laden gleich mehrere gemütliche Cafés und Kneipen ein, so etwa das seit 1670 betriebene Bruine Café *Hoppe* (Tel. 020/420 44 20), eines der ältesten Lokale der Stadt, das *De Zwart* (Tel. 020/624 65 11), eine weitere Gaststätte, und das Grand Café *Luxembourg* (Tel. 020/620 62 64) mit seiner stilvollen Einrichtung der 1930er-Jahre. Gelassen betrachtet der von Carel Kneulman geschaffene bronzene Gassenjunge ›**Lieverdje**‹ (Schätzchen) das rege Treiben auf dem Platz, er hat schon turbulentere Zeiten erlebt, z. B. in der Mitte der 1960er-Jahre, als die ›Provos‹ zu seinen Füßen lautstark gegen die Verlobung von Prinzessin Beatrix mit dem Deutschen Claus von Amsberg (1926–2002) protestierten. Und 1969, als Studenten das klassizistische **Maagdenhuis** (1783–87), das seit 1961 von der Universität genutzte vormalige Mädchenwaisenhaus, besetzten, um für mehr Demokratie zu protestieren.

15 Bloemenmarkt

 Europas schönster schwimmender Markt.

Singel, nahe Muntplein
Mo–Sa 9–17.30, So 11–17.30 Uhr
Straßenbahn: 1, 2, 4, 5, 9, 14, 16, 24

An der Singel westlich des Muntplein findet der sehenswerte Blumenmarkt statt. Der schwimmende Markt wird bereits seit dem 17. Jh. abgehalten, damals allerdings noch am St. Luciënsteeg nahe dem Amsterdam Museum. Früher wurden die frischen Blumen auf Booten angeliefert und direkt von Bord aus verkauft, heute sind hier 15 Lastkähne fest vertäut. Neben zahlreichen verschiedenen Schnittblumen, die ganzjährig in den Gewächshäusern gezüchtet werden, breitet sich hier im Frühjahr die ganze Palette verschiedenfarbiger und -förmiger holländischer Tulpen aus. Dazu Exoten im Topf, Trockenblumen, Samen, Knollen und Zwiebeln in einer Vielfalt, die das Herz eines jeden Blumenfreundes höher schlagen lässt. Doch auch alle anderen können sich an dem farbenfrohen Spektakel erfreuen. Wer Schnittblumen oder Pflanzen kaufen will, um sie mit nach Hause zu nehmen, sollte darauf achten, dass diesen ein offizielles Gesundheitszertifikat für den Export beiliegt.

 ▶ **Audio-Feature Bloemenmarkt**
QR-Code scannen [s. S. 5] oder dem Link folgen:
www.adac.de/rf0802

16 Munttoren

Schlanker Turm mit wohlklingendem Glockenspiel.

Muntplein
Straßenbahn: 4, 9, 14, 16, 24, 25

Am *Muntplein*, dem Platz, an dem Singel und Amstel zusammenfließen, ragt der einst zur mittelalterlichen Stadtbefestigung gehörende Munttoren, der Münzturm, empor. Stadtbaumeister *Hendrik de*

Keyser (1565–1621) errichtete ihn auf der Ruine des ein Jahr zuvor abgebrannten westlichen Eckturms des Stadttores Reguliersppoort. Der Name Münzturm rührt von der nationalen Münze, die 1672–74 im benachbarten Wachhaus logierte. Sie war vor den nahenden französischen Truppen Ludwigs XIV. aus Dordrecht nach Amsterdam in Sicherheit gebracht worden. In die Laterne des hölzernen Turms hängte man 1699 ein wohlklingendes Glockenspiel aus 29 Glocken, das der renommierte lothringische Glockengießer *François Hemony* geschaffen hatte. Noch heute erklingt es jeden Freitag zwischen 12 und 13 Uhr. Über dem Eingang des früheren Wachhäuschens ist das alte Stadtwappen Amsterdams angebracht. Häuschen und Turm werden heutzutage vom *Jorrit Heinen Delft Shop* (Tel. 020/623 22 71, www.jorritheinen.com) als Ausstellungs- und Verkaufsräume für Delfter Fayencen genutzt.

Dem Stadttor Munttoren wurde Ende des 17. Jh. ein Glockenspiel aufgesetzt

Oude Zijde – ein Spaziergang durch die Jahrhunderte

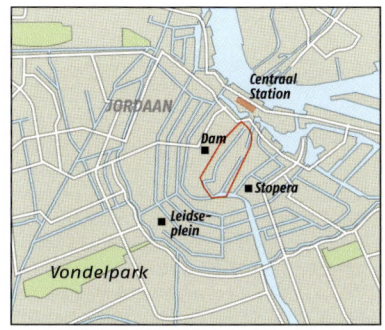

Das Gebiet zwischen *Damrak* und *Rokin* im Westen und dem *Kloveniersburgwal* im Osten nennt man die **Oude Zijde** (Alte Seite). Ein Spaziergang durch dieses abwechslungsreiche Viertel führt durch mehrere Jahrhunderte Amsterdamer Geschichte, von den Anfängen über das Goldene Jahrhundert bis in die Gegenwart. Mittendrin steht die **Oude Kerk**, die Alte Kirche. In den engen Gassen rund um das Gotteshaus herrscht stets dichtes Gedränge – hier befindet sich der ›Walletjes‹ genannte berühmt-berüchtigte Amsterdamer Rotlichtbezirk. Angesichts ganzer Busladungen von Touristen, die sich besonders in den Abendstunden in die Gassen ergießen, wird deutlich, dass das Vergnügungsviertel größere Anziehungskraft besitzt als die älteste Kirche der Stadt. Nicht weit entfernt erhebt sich das **Oost-Indisch Huis**, das einstige Hauptquartier der VOC, jener Gesellschaft, die durch ihre Schiffsexpeditionen in den Indischen Ozean, von denen man exotische Luxusgüter mitbrachte, den Aufstieg Hollands zur führenden Seemacht im 17. Jh. ermöglichte. Die Kehrseite des Goldenen Zeitalters zeigt das **Museum Ons' Lieve Heer op Solder**, eine alte *Geheimkirche*. Im Zuge der Reformation wurden ab dem Ende des 16. Jh. katholische Kirchen und Klöster entweder säkularisiert oder in protestantische Gotteshäuser umgewandelt. Katholiken durften keine öffentlichen Gottesdienste mehr abhalten und richteten sich in Privathäusern kleine Kirchen ein. Im **Hash Marihuana & Hemp Museum** schließlich kann sich der Amsterdam-Tourist über jene Droge informieren, die vor allem auf jüngere Besucher der Stadt einen besonderen Reiz ausübt.

17 Allard Pierson Museum

Umfangreiche archäologische Sammlung der Amsterdamer Universität.

Oude Turfmarkt 127
Tel. 020/525 25 56
www.allardpiersonmuseum.nl
Di–Fr 10–17, Sa/So 13–17 Uhr
Straßenbahn: 4, 9, 16, 24, 25

Das nach dem ersten Professor für Klassische Archäologie an der Amsterdamer Universität, *Allard Pierson* (1831–96), benannte Museum ist in einem klassizistischen Gebäude am Oude Turfmarkt untergebracht. Die umfangreiche Kollektion umfasst Exponate aus Ägypten, Griechenland, Italien, Mesopotamien, Zypern, Vorderasien und Persien und ist eine der bedeutendsten archäologischen **Universitätssammlungen** der Welt.

Zu den Glanzstücken der Schau gehören Mumienmasken und Sarkophage aus dem alten Ägypten, das Modell eines griechischen Streitwagens sowie der ›Amsterdamse Kouros‹, eine archaische Jünglingsstatue von Samos aus dem 6. Jh. v. Chr. Hinzu kommen Funde aus Troja, kunstvoll bemalte griechische Vasen, melancholische Grabstelen und Bronzespiegel mit Aphrodite am Griff, ferner filigranes römisches Glas, Sarkophage, Reliefs und ein Bronzekopf.

Die gotische Oude Kerk ist das älteste Gotteshaus der Stadt

18 Huis aan de Drie Grachten

Auf drei Seiten von Grachten umspültes, sehr vornehmes Giebelhaus aus dem 17. Jh.

Oudezijds Achterburgwal/Oudezijds Voorburgwal/Grimburgwal
Straßenbahn: 4, 9, 16, 24, 25

Dort, wo Oudezijds Achterburgwal und Oudezijds Voorburgwal in den Grimburgwal münden, erhebt sich auf einem schmalen Grundstück zwischen diesen drei Grachten das Huis aan de Drie Grachten. Der Giebelstein des Hauses mit der Inschrift *Fluwelenburgwal* (Fluwelen – Samt) lässt darauf schließen, dass das Viertel bereits im 17. Jh. eine vornehme Gegend war, deren Bewohner sich gern in Samt kleideten. Tatsächlich war das 1610 im Stil der holländischen Renaissance aus Backstein und Naturstein errichtete, mit seinen roten Fensterläden und einem schönen Treppengiebel gekrönte Dreigrachtenhaus lange Zeit der elegante Wohnsitz wohlhabender Patrizierfamilien.

19 Universiteit van Amsterdam

Haupthaus von Amsterdams ehrwürdiger Alma Mater.

Oudemanhuispoort
www.uva.nl
Straßenbahn 4, 9, 14, 16, 24, 25

Wenige Schritte nördlich des Huis aan de Drie Grachten gelangt man über den Oudezijds Achterburgwal durch die malerische **Oudemanhuispoort** von 1601 in eine schmale, überdachte Passage, die seit dem 17. Jh. als Marktgasse genutzt wird und in der Antiquitäten- und Bücherstände zum Stöbern einladen. Der Gang führt in den Komplex des einstigen Oudemannenhuis, eines ebenfalls 1601 mit den Geldern einer Lotterie erbauten

---

Coffeeshops – wo man Haschisch beim Kellner bestellt

Wer glaubt, beim Betreten eines Coffeeshops werde die Nase vom aromatischen Duft röstfrischen Kaffees umschmeichelt, liegt falsch. Stattdessen reizt ein süßlicher Dunst von **Haschisch** und **Marihuana** die Geruchsnerven. Denn hier kann man Joints kaufen und rauchen. Genau genommen ist das Kiffen in den Niederlanden verboten, doch wird der ›Genuss‹ einer geringen Menge von Haschisch oder Marihuana durch Erwachsene ab 18 Jahren in den Coffeeshops geduldet und der Verkauf lizenziert. Während der Besitz harter Drogen strafrechtlich geahndet wird, stuft der Gesetzgeber den Besitz von maximal 5 g Haschisch für den Privatgebrauch seit 1976 als **Ordnungswidrigkeit** ein und sieht von einer Strafverfolgung ab. Doch sollte man die bewusstseinsverändernde Wirkung nicht unterschätzen. Durch moderne **Pflanzenzuchtmethoden** wurde der Anteil des Rauschmittels THC von etwa 6 % in den 1980er-Jahren auf mittlerweile etwa 18 % gesteigert – von ›weichen Drogen‹ kann da keine Rede sein.

Mit der Einführung des Haschpasses für volljährige, in den Niederlanden gemeldete Personen im Herbst 2011 sollte der **Drogentourismus** beschränkt werden. Nachdem der umstrittene Pass nur ein Jahr später wieder abgeschafft wurde, liegt es nun im Ermessen der Kommunen, ausländischen Touristen den Konsum weicher Drogen in den **Coffeeshops** zu gestatten. Die rund 330 Einrichtungen in Amsterdam – darunter sogenannte **Hashbars**, die auch alkoholische Getränke verkaufen dürfen – stehen ausländischen Touristen nach wie vor offen.

Ein Kuriosum folgt aus dem 2008 in Kraft getretenen **Rauchverbot**, das auch für Coffeeshops gilt. So darf dort zwar weiterhin zum Joint gegriffen werden, ist diesem jedoch Tabak beigemischt, muss man damit vor die Türe gehen.

Das Huis aan de Drie Grachten ist auf drei Seiten von Kanälen umgeben

Männeraltenheims, dessen Bewohner strenge Regeln einhalten mussten. Heute dient das Gebäude der Universiteit van Amsterdam (UvA) als Haupt- und Institutsgebäude. Die relativ junge Amsterdamer Universität ging 1877 aus dem *Athenaeum Illustre* hervor, einer 1632 gegründeten Amsterdamer Lehranstalt für Handelswissenschaften und Philosophie, die acht Professoren und 250 Studenten hatte. Heute sind an der Amsterdamer Universität in sieben Fakultäten über 32 000 Studentinnen und Studenten aus aller Welt eingeschrieben.

20 Prinsenhof

Luxushotel mit wechselvoller Geschichte.

Oudezijds Voorburgwal 197
www.thegrand.nl
Straßenbahn: 4, 9, 14, 16, 24, 25

Einst Kloster, später Nobelherberge, königliche Residenz und Rathaus, heute Luxushotel – der Prinsenhof hat im Laufe seiner wechselvollen Geschichte viel mitgemacht. Nachdem das **Cäcilienkloster** 1578 säkularisiert und in ein Gästehaus umgewandelt worden war, bot es jahrhundertelang illustren Gästen Kost und Logis. *Prinz Wilhelm von Oranien*, genannt der Schweiger, war 1580 der erste

Trotz des nahenden Bankrotts der VOC genießt ein Händler etwa 1760 seine Wasserpfeife

VOC – die Gesellschaft der ›Pfeffersäcke‹

Drei Buchstaben zierten im 17./18. Jh. die Segler einer gigantischen Handelsflotte, kennzeichneten Straßenzüge von Lagerhäusern und firmeneigenes Tafelsilber: VOC – das Kürzel für **Vereenigde Oost-Indische Compagnie**.

Die Gesellschaft wurde 1602 von niederländischen Kaufleuten gegründet, die sich die Reichtümer Südostasiens sichern wollten. Gewürze, Tee, Tuch, Gummi und Porzellan versprachen schnellen Gewinn. Um die Investitionen in Schiffe und Mannschaften tätigen zu können, gründeten sie die **erste Aktiengesellschaft der Welt**. 6,5 Mio. Gulden (heute etwa 160 Mio. €) kamen dabei zusammen. Bald übertrafen die Gewinne alle Erwartungen. Und was machte es da schon, wenn man als Aktionär solcherlei Handelsgutes im Volksmund bald nur noch als ›Pfeffersack‹ bezeichnet wurde.

Dank eines vom niederländischen Staat garantierten Handelsmonopols für die Gebiete östlich des **Kaps der Guten Hoffnung** konnte die VOC ihre wirtschaftliche Macht und zugleich das Kolonialreich der Niederlande rasch ausbauen, denn sie war privilegiert, eine eigene Armee aufzustellen, Kriege zu führen und Land zu besetzen. In den Kolonien lagen Legislative und Judikative in ihrer Hand. 10 000 Söldner schützten die Interessen der Gesellschaft und machten widerspenstige Maharadschas, Könige und Prinzen gefügig. In ihrer **Blütezeit** besaß die mächtige Handelsgesellschaft Niederlassungen in Ceylon, Indien und Japan. Das indonesische Archipel wurde fast vollständig von ihr kontrolliert.

Doch mit den englischen Navigationsakten [s. S. 13] und dem Versuch der europäischen Staaten, die Niederländer mit Hilfe hoher Zölle aus ihren Märkten zu verdrängen, begann der **Niedergang** der Gesellschaft. Der Aufstieg Frankreichs und Englands zu führenden Seemächten tat ein Übriges, und 1799 musste die VOC ihren Bankrott erklären.

Würdenträger, der in den ehemaligen Klosterräumen nächtigte, woraufhin man das Haus in ›Prinsenhof‹ umbenannte. Auch Maria de Medici (1638) und Königin Louisa Maria Gonzaga von Polen (1645) gaben sich hier die Ehre. 1808, nachdem *König Louis Napoleon* das alte Rathaus am Dam zu seiner Residenz erklärt hatte

[s. S. 19], zogen die Stadtväter in das geschichtsträchtige Gebäude um. Bis 1988 war der Prinsenhof also Rathaus der Stadt. Nach umfangreichen Restaurierungsarbeiten wurde in seinen Hallen schließlich 1992 das elegante Luxushotel **Sofitel The Grand Amsterdam** [s. S. 131] eröffnet.

TOP TIPP

Auch wer nicht bereit ist, für eine Übernachtung im ›Grand‹ mehrere Hundert Euro zu investieren, kann einen Blick in die großzügige Eingangshalle oder das stilvolle Restaurant **Bridges** (Tel. 020/555 35 60, www.bridgesrestaurant) werfen. Denn am Eingang zum Hotelrestaurant (links) kann – hinter schusssicherem Glas – das Fresko ›Vragende Kinderen‹ bewundert werden, ein Werk des CoBrA-Künstlers *Karel Appel*, das dieser 1949 zwecks Begleichung seiner Steuerschulden schuf. Die konservativen Beamten des damals noch als Rathaus genutzten Gebäudes allerdings wussten das abstrakte Kunstwerk offensichtlich nicht zu schätzen, deckten sie es doch immer wieder mit Laken zu.

21 Hash Marihuana & Hemp Museum

Alles über Hanf.

Oudezijds Achterburgwal 148
Tel. 020/624 89 26
www.hashmuseum.com
tgl. 10–23 Uhr
Straßenbahn: 4, 9, 14, 16, 24, 25

Über Nutzen oder Schaden des Hash Marihuana & Hemp Museum, ob es aufklärt, verharmlost oder sogar zum Drogenkonsum animiert, darüber gehen die Meinungen auseinander – interessant ist die Ausstellung allemal. Die Exponate des Museums informieren ausführlich über Hanf (*Cannabis sativa*), die Pflanze, die den weichen Drogen Haschisch und Marihuana zugrunde liegt, vom Anbau bis zu ihrem vielfältigen Gebrauch.

Hier erfährt man, dass die Chinesen bereits vor 5000 Jahren Hanf anbauten, um aus den Fasern Kleidungsstücke herzustellen, dass die Segel und Takelagen der holländischen Westindiensegler des 17. Jh. ebenso aus dieser Pflanze fabriziert wurden wie die ersten ›Nietenhosen‹ von Levi Strauss, dass es verschiedene Cannabis-Biere gibt und Cannabis zu den ältesten Worten überhaupt gehört. Die Pflanze selbst, deren Anbau für den Privatgebrauch strafbar ist, kann in einem kleinen Gewächsraum bestaunt werden.

▶ **Audio-Feature Hash Marihuana & Hemp Museum**
QR-Code scannen [s. S. 5]
oder dem Link folgen:
www.adac.de/rf0805

22 Oost-Indisch Huis

Ehemaliges Hauptquartier der Vereinigten Oost-Indische Compagnie.

Oude Hoogstraat 24/Ecke Kloveniersburgwal
Straßenbahn: 4, 9, 14, 16, 24, 25

Im Goldenen Zeitalter hingen aromatische Gerüche von Muskat und Gewürznelken über den Gebäuden der heutigen Oude Hoogstraat, in denen die *Vereinigde Oost-Indische Compagnie*, kurz VOC, damals ihr **Hauptquartier** hatte. Alle nur erdenklichen Arten exotischer Gewürze sowie begehrte Waren aus dem fernen Osten füllten die Lagerhallen, zudem Proviant, Waffen und Ausrüstung für Mannschaften und Schiffe der gewaltigen Handelsflotte. Abertausende Seeleute sowie Legionäre für das gesellschaftseigene Heer ließen sich in den Büros in die Heuer- und Anmusterungslisten eintragen.

Abgesehen vom unscheinbaren Emblem der VOC über einem Portal im Innenhof deutet nichts mehr auf die ursprüngliche Funktion des mit roten Ziegeln erbauten und mit weißem Naturstein verzierten Gebäudes hin, das 1605 wahrscheinlich nach Plänen des Stadtbaumeisters *Hendrik de Keyser* entstand. Lohnend ist der Blick auf den schönen Giebel mit seinen von Voluten gerahmten Fenstern und der krönenden Balustrade. Heute nutzt die Amsterdamer Universität das Handelshaus.

23 De Walletjes

Touristen aus aller Welt betrachten die Schaufenster der Amsterdamer Prostituierten.

Oudekerksplein
Straßenbahn: 4, 9, 14, 16, 24, 25

Auch wenn eine alte Inschrift über dem Eingang des **Erotisch Museum** am Oudezijds Achterburgwal 54 ›God is myn burgh‹ verkündet und sich die Etablissements mit Schaufenstern, in denen sich käufliche Damen in Spitzendessous zur Fleischbeschau stellen, um die Oude Kerk [Nr. 24] scharen, so zeugt dies nicht unbedingt vom Wunsch des horizontalen Gewerbes, dem Herrn besonders nahe zu sein. Vielmehr hat hier die Geschichte ihre Finger im Spiel, liegt das Gotteshaus doch nur ein paar Gassen vom *Zeedijk* entfernt, der ältesten Hafenstraße Amsterdams. Von dort hatte es der Seemann auf Landgang nach langer Abstinenz von Wein und Weib nicht weit zu Hafenspelunke und Bordell. Der Hafen ist schon lange verlegt, doch den Distrikt mit den roten Lichtern gibt es hier noch immer. Und ein Gang durch die Walletjes, die Kleinen Wälle, wie die Amsterdamer den Bezirk nennen, ist für viele Besucher ebenso Programmpunkt wie der Besuch des Rijksmuseum. Es gibt sogar sachkundige Führungen durch das Viertel für diejenigen, die sich über Geschichte und Hintergründe des Gewerbes in Amsterdam informieren möchten. Längst gibt es aber auch Bestrebungen, das Viertel zu sanieren. Die Stadt Amsterdam begann 2008 damit, Bordelle aufzukaufen, um so das Rotlichtgewerbe zurückzudrängen. Einige der berüchtigten Fenster sind heute Modeschaufenster, in denen junge Designer ihre Kreationen ausstellen. Einige Künstler haben hier Ateliers eingerichtet, und es haben sich einige gute Restaurants und Kunstgalerien im Rotlichtviertel etabliert.

▶ **Audio-Feature De Walletjes**
QR-Code scannen [s. S. 5] oder dem Link folgen: www.adac.de/rfo804

De Walletjes – im Amsterdamer Rotlichtviertel sitzen leichte Mädchen im Fenster

24 Oude Kerk

Das älteste Gotteshaus von Amsterdam steht inmitten des sündigsten Viertels der Stadt.

Oudekerksplein
Tel. 020/625 82 84
www.oudekerk.nl
Mo–Sa 11–17, So 13–17 Uhr
Straßenbahn: 4, 9, 16, 20, 24, 25

Die *Sint Nicolaas*, dem Schutzpatron der Seefahrer, geweihte Alte Kirche, das erste Gotteshaus der Stadt, erhielt ihren heutigen Namen im 15. Jh., um sich von der damals errichteten Neuen Kirche [s. S. 21] abzusetzen. Die dreischiffige gotische Hallenkirche entstand ab 1306 auf den Fundamenten eines romanischen Vorgängerbaus, dessen Überreste man bei Restaurierungsarbeiten entdeckte. Ihr heutiges Aussehen erhielt sie durch Um- und Anbauten im 14.–16. Jh. Bereits 1370 wurde der Chorbereich durch Seitenkapellen und einen Umgang erweitert. Die großen, teils von Zünften und Gilden gestifteten Seitenkapellen mit ihren hohen spätgotischen Fenstern und den Giebeldächern entstanden um 1500. Die Wappen des habsburgischen *Kaisers Maximilian I.* und seines Sohnes *Philipps des Schönen* über dem Südportal weisen darauf hin, dass auch sie sich an den Baukosten für die Oude Kerk beteiligten.

In den kleinen Häuschen, die sich außen an die Kapellen schmiegen, waren einst Läden eingerichtet. 1565 musste der niedrige gotische Turm dem jetzigen schlanken **Kirchturm** weichen, der ein Glockenspiel von *François Hemony* trägt. Dieses erklingt jeden Samstag zwischen 16 und 17 Uhr. In den Sommermonaten kann der Turm, der eine einmalige Aussicht auf den ältesten Teil Amsterdams gewährt, bestiegen werden.

Das einst prächtige **Kircheninnere** präsentiert sich seit der Reformation eher schlicht. 1566 hatten Bilderstürmer etliche Kunstwerke entfernt, später wurden die Wände weiß überkalkt – nichts sollte die Gläubigen von ihren Gebeten ablenken. Diesen Maßnahmen fielen auch die 1555 entstandenen herrlichen *Renaissance-Glasmalereien* der Fenster im Frauenchor zum Opfer, doch konnten sie im 18. Jh. wieder hergestellt werden. Sie zeigen Episoden aus dem Leben Mariä und zählen zu den bedeutendsten Ausstattungsstücken dieses Gotteshauses. Be-

Museum Ons' Lieve Heer op Solder – eine katholische Geheimkirche auf dem Dachboden

eindruckend sind ferner das hölzerne Tonnengewölbe, die barocke Orgel aus dem 17. Jh. und das kunstvoll geschnitzte Chorgestühl aus dem 16. Jh. Schiffsmodelle erinnern an die Zeit, in der das Viertel rund um die Kirche zum Hafen gehörte.

Bedeutende Persönlichkeiten wie die Admiräle Jacob van Heemskerk und Abraham van der Hulst sowie *Saskia van Uylenburgh*, die 1642 verstorbene Ehefrau Rembrandts, fanden hier ihre letzte Ruhe.

25 Museum Ons' Lieve Heer op Solder

Die besterhaltene Geheimkirche des Landes befindet sich auf den Dachböden dreier Wohnhäuser.

Oudezijds Voorburgwal 40
Tel. 020/624 66 04
www.opsolder.nl
Mo–Sa 10–17, So 13–17 Uhr
Straßenbahn: 4, 9, 16, 20, 24, 25

Inmitten des Rotlichtbezirks verbirgt sich in einem unscheinbaren Gebäude aus dem 17. Jh. ein über schmale Stiegen erreichbares Gotteshaus, das sich über drei durchgehende Dachböden erstreckt – die katholische Geheimkirche *Ons' Lieve Heer op Solder*, ›Unser lieber Herrgott auf dem Dachboden‹.

Nachdem sich die Stadt Amsterdam 1578 offiziell zum Calvinismus bekannt hatte, war es Katholiken untersagt, öffentlich Gottesdienst abzuhalten [s. S. 13]. Da die Ausübung ihrer Religion im Verborgenen jedoch weitgehend toleriert wurde, blieb ihnen als Ausweg die Einrichtung von *Geheimkirchen* (niederl. Schuilkerk – Schlupfkirche) in Wohnhäusern. So baute der wohlhabende Strumpfhändler *Jan Hartman* Mitte des 17. Jh. die durchgehenden Dachböden seines und zweier angrenzender Häuser zur Kirche aus. Die französische Besetzung der Niederlande 1795 ermöglichte den Amsterdamer Katholiken dann wieder das öffentliche Bekenntnis zu ihrer Religion. Dennoch sollte das Gotteshaus auf dem Dachboden noch bis zur Fertigstellung der katholischen **Sint Nicolaaskerk** schräg gegenüber der Centraal Station im Jahr 1887 – also insgesamt mehr als 200 Jahre – Gemeindekirche bleiben.

Kirche und Privaträume sind weitgehend im Originalzustand erhalten. Winzig ist die *Kaplaanskamer*, ursprünglich eine Unterkunft für Dienstboten, mit einem geradezu miniaturhaften Schrankbett. Auch im Herzstück des Museums, dem *Kirchensaal* mit seinen schmalen Galerien, herrschte Raumnot. So musste etwa die Kanzel bei Bedarf aus dem Altar heraus geklappt werden. Die Orgel ist ebenfalls recht klein, Beichtstuhl und Taufbecken befinden sich im Treppenhaus. Beheizt werden konnte die Kirche nicht, doch mussten die Gläubigen im Winter nicht frieren, denn sie erhielten mit Torf beheizte Fußwärmer.

26 Chinatown

China im Herzen der Altstadt.

Zeedijk, zwischen Nieuwmarkt, Geldersekade und Binnen Bantammerstraat
Metro: 51, 53, 54

Chinesische Schriftzeichen an Geschäften und Restaurants, gebratene Enten in den Auslagen, fernöstliche Düfte aus den Garküchen, asiatische Geschäftigkeit – der *Zeedijk*, die älteste Straße Amsterdams, und seine Umgebung sind fest in chinesischer Hand. Zwischen der *Binnen Bantammerstraat* und der *Geldersekade* erstreckt sich hier das chinesische Viertel. Die Präsenz der Asiaten geht auf den Anfang des 19. Jh. zurück, als man chinesische Niedriglohnarbeiter anheuerte, um streikende Seeleute zu ersetzen. Nach Beendigung der Streiks wurden viele von ihnen in der niederländischen Hafenstadt ansässig. In der von ihnen bevorzugten Wohngegend um die Binnen Bantammerstraat gab es bald erste Chinarestau

Chinatown – das Viertel rund um den Nieuwmarkt ist fest in asiatischer Hand

rants und kleinere Läden, aber auch Opiumkneipen, in denen viele dem Rauschgift verfielen. Als es zu blutigen Auseinandersetzungen zwischen rivalisierenden Clans kam, war das selbst den für ihre Toleranz berühmten Amsterdamern zuviel, sie schickten über 200 Chinesen zurück in ihre alte Heimat.

Heute leben rund 50 000 Chinesen – die größte ausländische Gemeinschaft der niederländischen Hauptstadt – friedlich in diesem Altstadtviertel. Es gibt eine chinesische Schule, einen chinesischen TV-Kanal und den buddhistischen **Fo Guang Shan Tempel** (Zeedijk 106, nahe dem Nieuwe Markt, Tel. 020/420 23 57, www.ibps.nl, Di–Sa 12–17, So 10–17 Uhr), in dem Besucher willkommen sind.

27 Waaggebouw

Das wandlungsfähige Gebäude am Nieuwmarkt, erst Stadttor, dann Waage, schließlich Restaurant, gehört zu den ältesten Bauwerken Amsterdams.

Nieuwmarkt 4
Metro: 51, 53, 54

Das Waaggebouw, ein wuchtiges, mit sieben Türmen und Schießscharten bestücktes Backsteingebäude auf dem Nieuwmarkt, wurde seit seiner Entstehung im Mittelalter vielseitig genutzt. 1488 als Teil der Stadtbefestigung errichtet, verlor das zunächst *Sint Antoniespoort* genannte Tor im Zuge der Stadterweiterung Anfang des 17. Jh. seine ursprüngliche Funktion und wurde 1617 zur **Waage** umgebaut. Sie sollte die Waage auf dem Dam [s. S. 18] entlasten und war für Schwergut wie Anker und Kanonenrohre konzipiert. Nahebei wurden diese Güter einem Qualitätstest unterzogen, indem man sie an einem hohen Pfahl empor zog und aus großer Höhe unter donnerndem Getöse auf ein Eisenstück fallen ließ. Gerät, das diese Prüfung unbeschadet überstand, erhielt eine Art Gütesiegel der Stadt.

Im oberen Stockwerk des Waaggebouw hatten verschiedene Zünfte Versammlungsräume eingerichtet, so die Schmiede, Maurer, Maler und Chirurgen. Diese Räume sind jedoch nicht öffentlich zugänglich. Im Vorlesungssaal der Chirurgen, dessen Portal noch heute die Inschrift **Theatrum Anatomicum** trägt, sah Ende des 17. Jh. *Zar Peter der Große* den

Mit dem Fahrrad durch Amsterdams Vergangenheit, hier das Waaggebouw am Nieuwmarkt

Meistern des Skalpells bei der Demonstration ihrer Operationskunst zu, und *Rembrandt* machte hier Vorstudien für sein Gemälde ›Die Anatomie‹ (1632, heute im Mauritshuis zu Den Haag). Die Malergilde schmückte ihre Eingangspforte mit einer Darstellung des hl. Lukas, des Schutzpatrons der Maler.

Bis 1819 wurde das Gebäude als Waage genutzt, mittlerweile logiert in den Räumen des Erdgeschosses, in denen sich einst die Waagen befanden, das Restaurant-Café *In de Waag* (Tel. 020/4227772, tgl. geöffnet, www.indewaag.nl).

28 Trippenhuis

Ehemaliges Wohnhaus der Waffenhändler Trip mit vorgeblendeter Fassade.

Kloveniersburgwal 29
www.knaw.nl
Zugang nur bei öffentlichen Veranstaltungen
Straßenbahn: 9, 14

Schornsteine in Gestalt von Kanonenrohren auf dem einstigen Wohnhaus von *Hendrik* und *Lodewijk Trip* zeigen unmissverständlich, womit die Brüder im 17. Jh. ihre Reichtümer verdienten – mit Waffenhandel. 1660 ließen sich die *Kooplieden in weapenen, geschut, cogels ende amonitie van oorloge*, die ›Kaufleute für Waffen, Geschütze, Kugeln und Munition für Kriege‹, von dem bekannten Baumeister *Justus Vingboons* ein ›repräsentatives‹ Gebäude errichten. Die überaus prächtige klassizistische Front, durch acht korinthische Wandpfeiler gegliedert und von einem reich geschmückten Gebälk bekrönt, ist allerdings nur Scheinarchitektur, verbergen sich doch hinter der Fassade zwei identische Wohnhäuser – die Brüder losten darum, wer von ihnen in welchem wohnen sollte. Zwischen 1817 und 1885 beherbergte das Trippenhuis das Rijksmuseum [s. S. 76], seit Ende des 19. Jh. ist das Gebäude Sitz der Königlich Niederländischen Akademie der Wissenschaften.

Wie es heißt, fand der Ausruf eines Kutschers der Trip-Brüder, »Ach hätte ich doch nur ein Haus, das so breit wäre wie das Portal dieses Hauses«, bei diesen ein offenes Ohr. Großzügig ließen sie ihrem Bediensteten schräg gegenüber (Kloveniersburgwal 26) eine Unterkunft im selben Stil erbauen, heute das **Kleine Trippenhuis** genannt. Mit seiner Breite von nur 2,44 m ist es in der Tat so breit wie ein Portal und damit eines der schmalsten Gebäude Amsterdams.

Jodenbuurt – im einstigen jüdischen Viertel

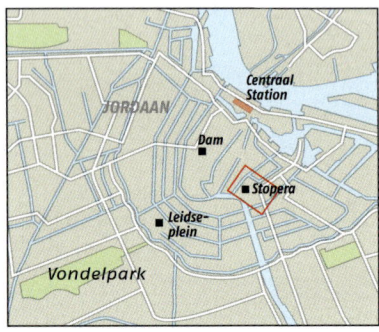

Vom *Nieuwmarkt* im Norden bis zur *Amstel* im Süden und der *Nieuwe Herengracht* im Osten erstreckte sich einst die **Jodenbuurt**, das alte jüdische Viertel. Schon früh war Amsterdam Zufluchtsstätte für Juden aus ganz Europa, denn hier konnten sie ihrer Religion nachgehen, und man zwang sie nicht wie in anderen europäischen Städten, z. B. Venedig, in einem Ghetto zu leben. Um 1600 kamen die ersten Juden aus Portugal, im Laufe des 17. Jh. dann Glaubensbrüder und -schwestern aus Ost- und Mitteleuropa nach **Mokum**, wie sie Amsterdam nach dem Hebräischen Wort für Stadt, ›Makoom‹, nannten. Die jüdische Gemeinschaft – sie machte vor dem Zweiten Weltkrieg mit rund 100 000 Mitgliedern etwa 10 % der Gesamtbevölkerung aus – verteilte sich über die ganze Stadt, die meisten von ihnen lebten aber in der Jodenbuurt. Von den Amsterdamer Juden haben jedoch nur sehr wenige den Holocaust überlebt. Auch das alte jüdische Viertel existiert nicht mehr. Viele Wohnhäuser, ja ganze Straßenzüge wurden im Zweiten Weltkrieg zerstört, der Rest fiel der Stadtsanierung in den 1960er- bis 1980er-Jahren zum Opfer. Die alten Gebäude am Waterlooplein mussten dem gewaltigen Bau der **Stopera** weichen, die das Rathaus und Musiktheater unter einem Dach vereint. Wie durch ein Wunder blieben die große **Portugese Synagoge** und die vier kleineren Synagogen deutscher Juden erhalten, die inzwischen umgebaut und zum **Joods Historisch Museum** zusammengefasst wurden. Es sind letzte Zeugnisse des einst so belebten jüdischen Viertels.

29 Zuiderkerk

Die erste protestantische Kirche der Stadt demonstriert zumindest im Inneren calvinistische Schlichtheit.

Zuiderkerkhof
Tel. 020/5527987
www.zuiderkerk.innl.nl
Mo–Fr 10–17 Uhr
Metro: 51, 53, 54
Straßenbahn: 4, 9, 14, 16, 24, 25

Die Zuiderkerk wurde 1603–11 nach Plänen des Stadtbaumeisters *Hendrik de Keyser* errichtet. Er wurde später hier auch beigesetzt. Die erste protestantische Kirche Amsterdams präsentiert zumindest teilweise die neue calvinistische Schlichtheit. So verzichtete man beim Bau der Pseudobasilika zwar auf ein Querschiff und einen runden Chorabschluss, nicht aber auf einen schönen Turm – er ist immerhin 80 m hoch – und ein **Glockenspiel**. Und so durfte 1659 wieder einmal *François Hemony*, der praktisch ganz Amsterdam, und auch die Oude Kerk, mit seinen herrlichen Glockenspielen ausgestattet hat, sein Können unter Beweis stellen. Unter der wohlklingenden Last von immerhin 32 Glocken, sie ertönen mittags mit unterschiedlichen Melodien zwischen 12 und 13 Uhr, ist der Turm im Laufe der Zeit allerdings fast 1 m aus dem Lot geraten. Heute wird er in den Sommermonaten von zahlreichen Touristen als Ausguck genutzt. Der Blick geht von hier oben über die gesamte Altstadt und bei gutem Wetter weit hinaus aus bis zum IJsselmeer.

Auch im Inneren der dreischiffigen Pseudobasilika – zu einer echten Basilika fehlt hier die Beleuchtung des erhöhten Mittelschiffs durch Obergadenfenster – blieb man allem Zierrat abhold, Gemälde-

Grachtenromantik – alte Giebelhäuser, eine Hebebrücke und die schöne Zuiderkerk

und Skulpturenschmuck fehlen. Im Laufe des 20. Jh. – der letzte Gottesdienst in dieser Kirche fand 1929 statt – drohte die Zuiderkerk zu verfallen. 1968 schließlich kaufte die Stadt den Sakralbau auf und ließ ihn restaurieren. Heute beherbergt diese herrlich lichte Halle das *Informatiecentrum de Zuiderkerk voor ruimte, bouwen en wonen* mit einer ständigen Ausstellung über die Amsterdamer Stadtentwicklung. Anhand von Zeichnungen, Karten und Plänen werden die Veränderungen der Altstadt über die Jahrhunderte aufgezeigt, aber auch zukünftige Bauvorhaben vorgestellt. Zudem gibt es wechselnde Ausstellungen.

30 Museum Het Rembrandthuis

Hier lebte Rembrandt fast 20 Jahre lang, hier erlebte er seine größten Erfolge und den künstlerischen wie finanziellen Niedergang.

Jodenbreestraat 4–6
Tel. 020/520 04 00
www.rembrandthuis.nl
tgl. 10–18 Uhr
Metro: 51, 53, 54
Straßenbahn: 9, 14

Den wohlhabenden Bürgern Amsterdams war das Wohnhaus Rembrandts in den 1740er- und 50er-Jahren ebenso bekannt wie seinen Gläubigern. Hier, an der heutigen Jodenbreestraat, lebte und arbeitete *Rembrandt Harmensz. van Rijn*

Immer herein in die gute Stube – holländische Gemütlichkeit im Rembrandthuis

Atelier des Malers. Den Dachboden stellte er seinen Mitarbeitern und Schülern, unter ihnen *Ferdinand Bol* und *Govert Flinck*, als Werkstätten zur Verfügung. Häufig trieb es Rembrandt zu Streifzügen in das direkt vor seiner Haustür liegende jüdische Viertel, um nach Charakteren für seine religiösen Bilder zu suchen, oft zog es ihn auch auf Märkte, von denen er allerlei malenswerte Gegenstände für sein Atelier mitbrachte. Von den unzähligen Requisiten, die der Meister im Laufe der Jahre zusammengetragen hatte, und den über 100 Gemälden, die zu seinen Lebzeiten hier aufbewahrt wurden, ist heute allerdings nichts mehr vorhanden. Denn der große Erfolg Rembrandts war nicht von Dauer, und da er, auch als die Aufträge weniger wurden, von seinem aufwendigen Lebensstil nicht ließ, stand er im Jahr 1657 vor dem finanziellen Ruin. Die Gemälde und das gesamte Inventar bildeten die Konkursmasse des bankrotten Genies und kamen unter den Hammer. Nach dem Verkauf seines Hauses wechselte der verarmte Maler wiederholt seine Unterkunft, 1660 zog er dann in ein kleines Häuschen an der Rozengracht 84 im Stadtteil Jordaan.

(1606–69) fast 20 Jahre lang, 1639–58, während seiner bedeutendsten Schaffensperiode. Neben zahlreichen Einzel- und Gruppenbildnissen der Amsterdamer Gesellschaft entstand hier auch sein heute berühmtestes Werk, die ›Nachtwache‹ [s. S. 78]. Aufgrund der gewaltigen Ausmaße des Gemäldes wurde dieses wohl nicht im Gebäude, sondern an einer überdachten Stelle im Hof bearbeitet. Das stattliche Kaufmannshaus hatte Rembrandt 1639 mit finanzieller Hilfe seiner vermögenden Ehefrau *Saskia van Uylenburgh*, die bereits 1642 verstarb, erworben. Im Erdgeschoss lagen die Wohnräume, im Obergeschoss befand sich das

In jenem Haus aber, in dem Rembrandt seine großen Erfolge feierte, ist heute das Museum Het Rembrandthuis untergebracht, das Entrée ist ein moderner Anbau mit Kasse und Museumsshop. Die im Stil der Zeit eingerichteten Räume sind mit Werken seiner Schüler und Kollegen

Im heutigen Café Sluishuis wurde einst der Wasserstand der Amsterdamer Kanäle kontrolliert

Melodien über stillem Wasser – das Musiktheater Stopera spiegelt sich in der Amstel

geschmückt, denn Rembrandt war auch als Kunsthändler tätig. Zahlreiche Requisiten aus dem Besitz des Meisters, die in seinen Gemälden und in den Inventarlisten auftauchen, trug man wieder zusammen. Im Druckstudio und Maleratelier erläutern Künstler Grafiktechniken und Farbherstellung. In den Ausstellungssälen des Anbaus kann man 260 der über 290 von Rembrandt gefertigten Radierungen studieren. Das *Rembrandt-Informationszentrum* mit Bibliothek und Archiv zu Rembrandt und seinen Schülern ist auf Voranmeldung zugänglich.

Gleich gegenüber an der Schleusenbrücke über den Zwanenburgwal steht das **Sluishuis**. Das Schleusenhaus beherbergt heute die Gaststätte *De Sluyswacht* (www.sluyswacht.nl) mit schöner Aussicht auf die Gracht Oude Schans.

▶ **Audio-Feature Museum Het Rembrandthuis** QR-Code scannen [s. S. 5] oder dem Link folgen: www.adac.de/rf0811

31 Stopera

Einst umstrittenes Bauwerk aus Rathaus und Musiktheater direkt am Ufer der Amstel.

Waterlooplein 22
Tel. 020/55181 17
www.het-muziektheater.nl
Metro: 51, 53, 54
Straßenbahn: 9, 14

Die Wellen des Protestes schlugen hoch, als der Stadtrat Amsterdams Anfang der 1980er-Jahre die historischen Gebäude am Waterlooplein abreißen ließ, um Platz zu schaffen für einen monumentalen, multifunktionalen Gebäudekomplex. Hier sollten das Rathaus, das zuvor im Prinsenhof [s. S. 41] seinen Sitz hatte, und das Musiktheater einziehen, daher der Name Stopera, das Kürzel für *Stadhuis* und *Opera*. Das **Muziektheater**, das Oper, Nationalballett und Nederlands Dans Theater unter seinem Dach vereint, konnte 1986 eröffnet werden, das Rathaus war zwei Jahre später fertiggestellt.

Geschaffen wurde das L-förmige, außen mit riesigen quadratischen Platten verschalte Bauwerk von dem Wiener Architekten *Wilhelm Holzbauer* und seinem niederländischen Kollegen Cees Dam. Mit seiner halbrunden Ausbuchtung auf der Amstelseite wirkt der strahlend weiße Komplex fast wie eine moderne Arena. Kritiker der Stopera allerdings argumentieren, dass sich dieser Monumentalbau nur schlecht in seine Umgebung einfügt, die noch weitgehend von alter Bausubstanz geprägt ist.

Eine originelle Plastik, die ›Macht der Musik‹, ein Geiger, der durch den Marmorfußboden bricht, schmückt die Eingangshalle des Musiktheaters. An Dienstagen werden regelmäßig von 12.30 bis 13 Uhr im *Boekmanzaal* kostenlose Mittagskonzerte angeboten. Zum Entspannen lädt auch das moderne *Café Amstelhoek* im Erdgeschoss ein.

In der Passage zwischen Stadhuis und Muziektheater stößt man auf eine Nachbildung des **Normaal Amsterdams Peil**, des geodätischen Nullpunkts, auf den sich fast alle Länder Europas, auch Deutschland, bei Landesvermessungen

Spektakulär bricht die Götterdämmerung über die Nibelungen in der Stopera herein

beziehen. Ferner zeigen zwei Wassersäulen den aktuellen Pegelstand des Meeres bei *Vlissingen* und *Ijmuiden* an, während eine dritte jenen Höchststand markiert, der bei der verheerenden Sturmflut von 1953 erreicht wurde. An der Wand verdeutlicht eine 25 m lange Querschnittsdarstellung der Niederlande deren relative Lage zum Meer.

32 Mozes- en Aaronkerk

Die aus einer Geheimkirche hervorgegangene Kirche ist heute eine Begegnungsstätte.

Waterlooplein 205
Tel. 020/622 13 05
www.mozeshuis.nl
Metro: 51, 53, 54
Straßenbahn: 9, 14, 20

Vom ursprünglich riesigen Platz *Waterlooplein*, den der Bau der Stopera weitgehend verschlungen hat, sind nur noch die Randflächen geblieben. An der Südspitze schwingt sich die **Blauwbrug**, die einer Pariser Seinebrücke nachempfunden und mit schmucken Brückenlaternen verziert ist, über die Amstel. Die nordöstliche Ecke des Platzes nimmt die neoklassizistische Mozes- en Aaronkerk ein, die aus einer katholischen Geheimkirche entstand. Franziskanermönche hatten im 17. Jh. zwei alte Kaufmannshäuser, deren Fassaden mit Figuren von Moses und Aaron verziert waren, erworben und in

ihnen ein dem hl. Antonius von Padua geweihtes Gotteshaus eingerichtet. Im Laufe der Zeit wurde der Sakralbau mehrfach umgebaut und erweitert. Die imposante Fassade mit den beiden flankierenden Glockentürmen und dem einem antiken Tempel nachempfundenen viersäuligen Portikus stammt von 1841. Leider ist das Innere nur bei öffentlichen Veran-

Die Portugese Synagoge zeugt vom Wohlstand der sephardischen Juden

Normaal Amsterdams Peil – die bedeutende Null

An einem windstillen Tag im Sommer 1684 legten Amsterdamer Landvermesser bei Hochwasser der Zuiderzee mit einem Kreidestrich an einem **Pegelstein** die Höhe fest, auf die sich zukünftig alle anderen Messpunkte im Land beziehen sollten – der Normaal Amsterdams Peil, kurz NAP, war damit amtlich dokumentiert. Der Pfeilstrich lag 10 cm über dem mittleren Meeresspiegel. Kurz darauf wurde seine Maßeinheit auf zahlreiche weitere Pegelsteine in ganz Amsterdam übertragen. Um die Gefahr von Überflutung abzuwenden, sollte jegliches neue Bauland in der Stadt mindestens 70 cm über diesem **Nullpunkt** liegen.

Einer der historischen Nullpunkte wird unter dem Pflaster vor dem **Königlichen Palast** am Dam ›aufbewahrt‹. Unter einer Steinplatte mit den Buchstaben VP und den drei Kreuzen des Stadtwappens markiert ein Messingnagel knapp 1 m unterhalb des Damniveaus auf einem 22 m langen, in den Boden gerammten Fichtenstamm den Bezugspunkt, auf den sich alle Höhenmessungen in der Stadt beziehen. 1818 wurde der **NAP** als Standard für die gesamten Niederlande festgelegt. Bald richteten sich sogar andere europäische Länder nach dem **Amsterdams Peil**. 1877 nutzten ihn z. B. preußische Landvermesser bei der geodätischen Erfassung der Region. 1879 wurde die Lage der Berliner Sternwarte mit 37 m über **Normalnull** (NN), einer weiteren und weitaus bekannteren Bezeichnung

Mit Hilfe des NAP werden die Pegel in Amsterdams Gewässern gemessen

für den NAP, festgelegt. Dabei war die Übertragung des Amsterdamer Standards in weit entfernte Regionen ein mühsames Unterfangen, mussten die Landmesser den Nullpunkt doch in Monate dauernden Fußmärschen vom Originalmesspunkt aus in Messetappen von jeweils 200 m über das Land transportieren. Heute beziehen fast alle Länder Europas ihre Höhenmessungen auf den NAP.

Der NAP ist in Amsterdam an über tausend Stellen mit Kupferplaketten markiert, und im Gebäude der **Stopera** gibt es sogar den Nullpunkt zum Anfassen. Dort bezeichnet für jedermann sichtbar ein bronzener Bolzen auf einem 20 m in den Boden eingelassenen Betonpfahl exakt die historische Null.

---

staltungen in der Kirche zugänglich. In unmittelbarer Nähe der Kirche soll einst das Geburtshaus des berühmten jüdischen Philosophen *Baruch de Spinoza* (1632–77) gestanden haben.

Vor dem Bau der Stopera war der Waterlooplein einer der größten Marktplätze Amsterdams und ein Mittelpunkt jüdischen Lebens. Ein wenig von der früheren Marktatmosphäre ist heute noch auf dem **Vlooienmarkt** oder **Waterloopleinmarkt** (Mo–Sa 9–17 Uhr) zu spüren, dem wohl bekanntesten Flohmarkt Amsterdams, der gegenüber der Mozesen Aaronkerk abgehalten wird.

33 Portugese Synagoge

» ... ist keineswegs ein verhutzeltes, sich verstecken wollendes Versammlungshaus von Illegalen, sie ist ein Prunkbau, eine Kathedrale auf jüdisch«. Egon Erwin Kisch

Mr. Visserplein 3
www.portugesesynagoge.nl
April–Okt. So–Fr 10–17, Nov.–März
So–Do 10–16, Fr 10–14 Uhr
Metro: 51, 53, 54, Straßenbahn: 9, 14

Der verkehrsreiche *Mr. Visserplein* – Mr. ist die Abkürzung für den niederländischen Rechtsanwaltstitel ›Meester‹ – trägt den

Namen von Louis Ernst Visser, dem jüdischen Vorsitzenden des Höchsten Gerichtes zur Zeit der deutschen Besatzung (1940–45). Auf dem südlich daran anschließenden Meijerplein erinnert die 1952 von *Mari Andriessen* geschaffene Statue **Dokwerker**, die Figur eines Hafenarbeiters, an den Generalstreik am 25. Februar 1941, die einzigartige Auflehnung einer ganzen Stadt gegen die Deportation von Juden. Die Nationalsozialisten schlugen ihn blutig nieder. Zum Gedenken an dieses Ereignis findet hier alljährlich an diesem Tag eine Kundgebung statt. Hinter dem Denkmal ragt der mächtige Sakralbau der Portugees-Israëlitische Synagoge auf, auch **Portugese Synagoge** genannt, die 1671–75 von *Elias Bouwman* im Auftrag sephardischer Juden aus Portugal errichtet wurde. Das die umliegenden Bauwerke überragende Backsteingebäude mit seiner durch Pilaster und hohe Rundbögen strukturierten Fassade ist Ausdruck des Wohlstandes der Sepharden des damaligen Amsterdam – immerhin war der Bau zur Zeit seiner Entstehung die weltweit größte Synagoge. Das Innere, durch ionische Säulen in drei Schiffe geteilt, wird von hölzernen Tonnengewölben überdacht. Hier finden rund 1600 Gläubige Platz, weit

Das Joods Historisch Museum nutzt vier alte Synagogen askenasischer Juden

mehr als die Anzahl der heutigen Gemeindemitglieder – es sind etwa 600. Vor dem nationalsozialistischen Pogrom waren über 7000 Sepharden in diesem Viertel ansässig. Die bereits 1616 gegründete Bibliothek der Synagoge, **Ets Haim** (›Baum des Lebens‹), umfasst mehrere tausend Handschriften und religiöse Druckwerke und verfügt damit über eine der bedeutendsten Sammlungen jüdischen Schrifttums.

34 Joods Historisch Museum

Eindrucksvolle Sammlung zur Geschichte der holländischen Juden.

Nieuwe Amstelstraat 1
Tel. 020/531 03 10
www.jhm.nl
tgl. 11–17 Uhr
Metro: 51, 53, 54
Straßenbahn: 9, 14

Vier ehemalige Synagogen, die durch moderne, glasüberdachte Gänge miteinander verbunden sind, beherbergen das bedeutendste jüdische Museum außerhalb Israels. 1987 wurde es im Beisein von Königin Beatrix eröffnet.

1671 begannen askenasische Juden, die vor den Wirren des Dreißigjährigen Krieges aus Deutschland nach Amsterdam geflohen waren, mit dem Bau der *Grote Sjoel*, der Großen Synagoge. Nachdem die Gemeinde weiterhin stark anwuchs, wurde zunächst 1685 die der koscheren Schlachthalle aufgesetzte *Obbene Sjoel* errichtet. Es folgten im Jahr 1700 die *Dritt Sjoel* und 1752 die *Neie Sjoel*. Mit seiner bemerkenswerten Sammlung von Gegenständen, Dokumenten und Fotos zeichnet das Museum einprägsame Bilder vom jüdischen Glauben, dem Zionismus, dem Leben der Juden in den Niederlanden und von ihrer Verfolgung während der nationalsozialistischen Besatzung. Zu den rituellen Gegenständen gehören der nach Jerusalem ausgerichtete, aus weißem Marmor gearbeitete ›Heilige Schrein‹ sowie Thoramäntel und Thorakronen. Teil der ständigen Ausstellung sind ferner Gouachen der im Alter von 26 Jahren in Auschwitz ermordeten Berliner Malerin *Charlotte Salomon*.

Im **Kindermuseum** lernt der Nachwuchs die *Hollanders* kennen, die den kleinen Besuchern spielerisch den Alltag einer jüdischen Familie näher bringen.

Westlicher Grachtengürtel – exklusive Gegend für Herrenhäuser und Hausboote

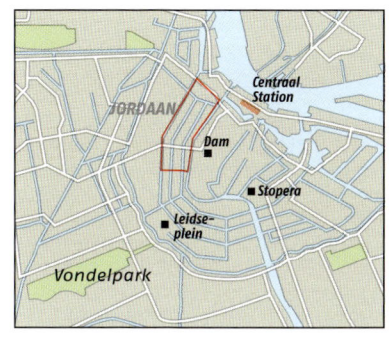

Wie die Jahresringe eines Baumes umschließen der **Singel** sowie die Heren-, Keizers- und Prinsengracht den Kern der *Amsterdamer Altstadt*. Bis Ende des 16. Jh. wurde die Stadt im Westen durch den breiten **Festungsgraben Singel** begrenzt. Während des Achtzigjährigen Krieges sahen sich viele Protestanten aus den südlichen Niederlanden gezwungen in die nördlichen, *calvinistischen Provinzen* zu fliehen. Amsterdams Bevölkerungszahlen stiegen dramatisch an, und schon bald platzte die Stadt aus allen Nähten. Um neues Wohnland zu schaffen, wurde 1612–63 in der Brache im Westen außerhalb des Singel der **Dreigrachtengürtel** angelegt. Damals entstand das einzigartige Kanalsystem, für das Amsterdam heute weltberühmt ist, insgesamt etwa 75 km Grachten, überspannt von fast 1300 Brücken. Das neu gewonnene Land wurde in schmale Parzellen aufgeteilt und teuer verkauft. Heute findet man z. B. entlang der **Herengracht** die prächtigsten Grachtenhäuser der ganzen Stadt mit dem schönsten Giebelschmuck. An dieser exklusiven Wasserstraße konnten sich im 17. Jh. nur die allerreichsten Handelsherren niederlassen. In der **Keizersgracht**, benannt nach *Kaiser Maximilian I.*, und der **Prinsengracht**, benannt nach den *Prinzen des Hauses Oranien*, stehen deutlich bescheidenere historische Quartiere, doch auch hier gibt es viele malerische Winkel, die zum Flanieren einladen, eine Menge schöner Giebelhäuser und zahlreiche Wohnboote. Weitere touristische Anziehungspunkte des Viertels sind das **Anne Frank Huis**, in dem sich die jüdische Familie Frank während des Zweiten Weltkriegs vor den Nationalsozialisten versteckt hielt, und die **Westerkerk**, deren Kirchturm einen eindrucksvollen Panoramablick über das Grachtengeflecht bietet.

35 Multatuli Museum

Erinnerungen an einen mutigen Kolonialbeamten, der die Ausbeutung der Bevölkerung in den niederländischen Kolonien Südostasiens anprangerte.

Korsjespoortsteeg 20
Tel. 020/638 19 38
www.multatuli-museum.nl
Di 10–17, Sa/So 12–17 Uhr
Straßenbahn: 1, 2, 5, 13, 17

Leid und Enttäuschung spiegeln sich im Gesicht der 1987 auf der Torensteegbrug aufgestellten **Skulptur** des niederländischen Kolonialbeamten und Dichters *Eduard Douwes Dekker* (1820–87) wider – Gefühle, die er auch mit seinem selbst gewählten Pseudonym *Multatuli* (›Viel habe ich gelitten‹) zum Ausdruck brachte. Von der Brücke ist es nur ein kurzes Stück zum Korsjespoortsteeg 20, seinem Geburtshaus. Bereits in jungen Jahren schickte ihn sein Vater, ein Kapitän, in die niederländischen Kolonien nach Südostasien (Niederländisch-Ostindien). Über seine Erfahrungen auf der indonesischen Insel Java berichtete er in seinem Buch ›Max Havelaar‹.

Ein Zimmer seines Geburtshauses ist heute als kleines Museum eingerichtet. Anhand von Erstausgaben seiner Werke und von Briefen wird das Leben jenes Mannes dokumentiert, der – wenn auch letztlich ohne Erfolg – als erster den Mut aufbrachte, gegen die niederländische Kolonialpolitik aufzubegehren.

Die Stadt Amsterdam gedenkt Multatulis mit einer Statue auf der Torensteegbrug

Multatuli – ungeliebter Zeuge der Kolonialzeit

Überaus heftige Reaktionen rief der 1860 erschienene Roman ›Max Havelaar oder Die Kaffeeversteigerungen der niederländischen Handelsgesellschaft‹ in den Niederlanden hervor – der Autor berichtete über seine Jahre als Kolonialbeamter auf der indonesischen Insel Java. Die Öffentlichkeit war entsetzt, und das Parlament diskutierte. Der Verfasser **Eduard Douwes Dekker** (1820–87) hatte in seinem autobiografischen Roman unter dem Pseudonym Multatuli (›Viel habe ich gelitten‹) schonungslos die Unterdrückung und Ausbeutung der Bauern auf den Kaffeeplantagen Javas durch die niederländischen Kolonialherren aufgedeckt. Und das zu einer Zeit, als gut ein Drittel der Staatseinnahmen mit der Fronarbeit der Indonesier erzielt wurde. Dekker selbst hatte die Missstände auf Java hautnah erlebt und in seiner Position als Kolonialbeamter versucht, auf die menschenverachtende Behandlung der indonesischen Bevölkerung aufmerksam zu machen, stieß jedoch bei seinen Vorgesetzten nur auf Ablehnung. Resigniert bat er schließlich um seine Entlassung. Nach der Veröffentlichung seines Romans sah er sich in den Niederlanden wiederholt Anfeindungen ausgesetzt, sodass er schließlich nach Deutschland ging, nach Nieder-Ingelheim, wo er bis zu seinem Tod lebte. Über seine Heimat äußerte er sich enttäuscht: »Es liegt ein Raubstaat an der See, zwischen Ostfriesland und der Schelde«. Diesen mochte er nicht mehr betreten.

36 West-Indisch Huis

Hauptquartier der Handelsgesellschaft West-Indische Compagnie.

Herenmarkt
Bus: 18, 22

Nach dem Vorbild der ›Verenigde Oost-Indische Compagnie‹, die ab 1602 den Handel mit Südostasien kontrollierte, wurde 1621 die **West-Indische Compagnie (WIC)** gegründet, um den Warenaustausch mit der Neuen Welt anzukurbeln. Hauptsitz der Gesellschaft war das am Herenmarkt gelegene West-Indisch Huis. Das Gebäude selbst kann nicht besichtigt werden, nur der Innenhof, in dem kein Geringerer als *Pieter Stuyvesant* (1592–1672) mit Degen und Holzbein posiert. Sein Bein hatte der Friese beim Sturm auf die portugiesische Karibikinsel St. Martin verloren, drei Jahre bevor er 1647 Gouverneur von *Nieuw Amsterdam*, dem heutigen New York, wurde.

Die WIC hatte im 17. Jh. das Monopol für die Westküste Afrikas, die Karibik sowie Nord- und Südamerika inne, es gab Kontore in Brasilien und der Karibik. Zu Reichtum kam die Gesellschaft aber nicht nur durch den Überseehandel – Handelsgüter waren vor allem Zucker, Tabak und Baumwolle –, sondern auch durch Piraterie und Menschenhandel. So soll die WIC Afrikaner verschleppt und in Süd- und Mittelamerika in die Sklaverei verkauft haben. Und in den Kellern am Herenmarkt lagerte einst sogar der Schatz, den Admiral *Piet Heyn* 1628 der spanischen Silberflotte vor der kubanischen Küste abgejagt hatte. Noch heute lernen die Schulkinder das Volkslied über den Helden: »Piet Heyn, zijn naam is klein, zijn dade benne groot: hij heeft gewonne de Zilvervloot.« Der erfolgreiche Beutezug brachte den Aktionären der Handelsgesellschaft damals enorme Dividenden, und der Kurs der Aktie schoss in die Höhe. Die siegreichen Seeleute Heyns sollten als Prämie 17 zusätzliche Heuern erhalten. Als diese ausblieben, zogen die Matrosen mit einer Kanone zum West-Indisch Huis, um den Silberschatz zu kapern, hatten jedoch das Schießpulver vergessen und mussten unverrichteter Dinge abziehen.

An der Rückseite des Herenmarkt liegt die **Brouwersgracht**, die das Viertel Jordaan [s. S. 62] nach Norden hin begrenzt. Hier, an einem der malerischsten Kanäle Amsterdams, reihten sich im 17. Jh. Speicherhäuser, Gerbereien und, wie der Name verrät, Brauereien und Distillerien aneinander. Die gut erhaltenen Speicherhäuser mit ihren Rundbogenfenstern und -türen wurden in den letzten Jahren teilweise in Wohnungen, Büros und Künstlerateliers umgewandelt. Wohnboote, die an den Grachten vertäut sind, runden das pittoreske Bild ab.

37 Anne Frank Huis

Anrührendes Versteck des jüdischen Mädchens Anne Frank und zugleich aufrüttelndes Museum.

Prinsengracht 263–267
Tel. 020/556 71 00, www.annefrank.org
Mitte März–Mitte Sept. tgl. 9–21,
Sa 9–22 Uhr, Juli/Aug. tgl. 9–22 Uhr,
Mitte Sept.–Mitte März tgl. 9–19,
Sa 9–21 Uhr. Um die Wartezeit am Eingang zu verkürzen, sollte man Tickets im Internet reservieren.
Straßenbahn: 13, 14, 17. Bus 142, 170, 172

Ein leeres Zimmer, einige Postkarten an der Tapete und an einer Wand die Striche, mit denen ein stolzer Vater das Wachstum seiner Töchter dokumentierte: Das blieb von jenen zwei Jahren, in denen sich Anne Frank mit ihrer Familie im **Hinterhaus** der Prinsengracht 263 versteckt hielt. Anne Frank, die zum Zeitpunkt des Untertauchens gerade einmal 13 Jahre alt

war, schrieb dort ihr ergreifendes Tagebuch nieder. Darin schildert sie die Zeit zwischen Juli 1942 und August 1944, vom Untertauchen bis zu ihrer Verhaftung durch die SS. 1946, ein Jahr nach ihrem Tod, veröffentlichte es ihr Vater Otto Frank unter dem Titel ›*Het Achterhuis*‹ (Das Hinterhaus). In über 60 Sprachen übersetzt, zählt es zu den berühmtesten Zeitdokumenten des Zweiten Weltkriegs.

Annes Zimmer bildet den Abschluss eines Besuchs im Anne Frank Huis. Während man dort die Situation nach der Plünderung durch die Nazis nachfühlen kann, richtete die Anne-Frank-Stiftung das **Vorderhaus** wieder so ein, wie es in den 1930er-Jahren ausgesehen haben könnte. Zitate aus Annes Tagebuch sind an passenden Orten angebracht, um ihre Erlebnisse und Gefühle nachvollziehbar zu machen. Im Haus nebenan, das ebenfalls zum Museumskomplex gehört, ist ein eigener Raum dem **Tagebuch** selbst gewidmet, auf einem Faksimile ist die Handschrift Annes zu sehen. Überdies wird das Tagebuch in die Geschichte der Rezeption des Holocausts eingeordnet und seine Bedeutung für die Vermittlung der damaligen Ereignisse verdeutlicht. Im modernen Anbau schließlich ergänzen Wechselausstellungen zu den Themen Nationalsozialismus, Antisemitismus und Rassismus das Programm.

▶ **Audio-Feature**
Anne Frank Huis
QR-Code scannen [s. S. 5]
oder dem Link folgen:
www.adac.de/rf0800

Anne Frank Huis – das Vorderhaus erhielt einen großen verglasten Erweiterungsbau

Das Tagebuch der Anne Frank

Am 4. August 1944 drangen Gestapo und niederländische Miliz in das Hinterhaus der Prinsengracht 263 ein und verhafteten Otto Frank, seine Frau Edith, seine beiden Töchter Margot und Anne sowie die Familie Van Pels (im Tagebuch ›Van Daan‹ genannt) und den Zahnarzt Dr. Pfeffer (›Van Dussel‹). Über zwei Jahre lang, von Juli 1942 bis August 1944, hatte sich die jüdische Familie zusammen mit ihren Freunden im **Hinterhaus**, dessen geheimer Eingang hinter einem drehbaren Bücherschrank lag, vor den Nationalsozialisten versteckt gehalten. Dann wurde sie verraten. Bald nach der Verhaftung der Untergetauchten wurden die Möbel beschlagnahmt und abtransportiert, zurück blieben, auf dem Fußboden achtlos verstreut, mehrere Hefte und lose Blätter: das während der Jahre im Versteck geführte Tagebuch **Anne Franks** (1929–45). Freunde entdeckten die Seiten und nahmen sie an sich, um sie für das jüdische Mädchen aufzubewahren. Doch Anne Frank erlebte das Ende des Krieges nicht mehr. Sie starb im März 1945 im Alter von 15 Jahren im Konzentrationslager Bergen-Belsen an Typhus, zwei Monate bevor englische Truppen das Lager befreiten.

Otto Frank, nach Auschwitz verschleppt, überlebte als einziger der Familie den Genozid und kehrte nach dem Krieg nach Amsterdam zurück. Hier übergaben ihm die Freunde das Tagebuch seiner Tochter, 1946 ließ er es veröffentlichen. Den Titel ›**Het Achterhuis**‹ (Das Hinterhaus) hatte Anne Frank, die gerne Schriftstellerin geworden wäre und aus ihrem Tagebuch einen Roman machen wollte, selbst ausgewählt.

Das ergreifende Dokument aus der Feder des lebensfrohen, jungen Mädchens – »Radfahren, tanzen, pfeifen, die Welt sehen, mich jung fühlen, wissen, dass ich frei bin – danach sehne ich mich« – wurde zum **Weltbestseller**, übersetzt in über 60 Sprachen. Das Tagebuch ist in Form von Briefen abgefasst, die Anne Frank an ihre imaginäre Freundin Kitty schrieb. Darin erzählt sie von ihren und ihrer Mitbewohner Ängsten, Hoffnungen und Freuden, ihren eigenen Schwächen und Stärken. Ihr letzter Eintrag lautet: »Ich (…) suche dauernd nach einem Mittel um so zu werden, wie ich gern sein würde und wie ich sein könnte, (…) wenn keine anderen Menschen auf der Welt leben würden«. Diese anderen Menschen wurden ihr zum Verhängnis.

Links: *Ihr Tagebuch schrieb Anne Frank in eine Reihe von Schulheften*
Unten: *Familie Frank mit Freunden*

Dichter Verkehr herrscht auf den malerischen Grachten um die Westerkerk

38 Westerkerk

1669 wurde Rembrandt in dieser Kirche bestattet, doch leider konnte sein Grab bislang nicht gefunden werden.

Prinsengracht 281
Tel. 020/624 77 66
www.westerkerk.nl
Mo–Sa 11–15 Uhr
Straßenbahn: 13, 14, 17

Eine überdimensionale blau-rot-goldene Krone auf der Spitze macht den schlanken **Westertoren**, den Kirchturm der Westerkerk, zum unverwechselbaren Wahrzeichen der Stadt. Die Krone erinnert an *Kaiser Maximilian I.* von Österreich, der der Stadt Amsterdam 1489 das Recht verliehen hatte, seine Kaiserkrone im Wappen zu tragen [s. S. 12]. Der auch *Langer Jan* genannte Turm ragt 85 m in die Höhe und ist damit der höchste Aussichtspunkt der gesamten Stadt. Den herrlichen Ausblick auf den westlichen Grachtengürtel sollte man sich nicht entgehen lasssen.

Auch der übrige Bau, das größte je in den Niederlanden errichtete protestantische Gotteshaus, beeindruckt. So erreichen die beiden sich durchdringenden Schiffe – der Kirchengrundriss besitzt die Form eines griechischen Kreuzes – eine Höhe von 28 m. Die Kirche wurde 1620 vom damaligen Stadtbaumeister *Hendrik*

de Keyser im Stil holländischer Renaissance begonnen. De Keyser verstarb jedoch schon bald, den Bau stellte dann sein Sohn Pieter im Jahre 1631 fertig. Das Äußere überrascht durch seine schmückenden Elemente, pilastergerahmte Fenster, die aus weißem Sandstein gefertigt sind und sich gut von den roten Backsteinwänden absetzen. Das **Kircheninnere** dagegen entspricht weitgehend

Rembrandts letzte Ruhestätte blieb unbekannt – Gedenkplatte in der Westerkerk

Wohnboote sind beliebte Behausungen auf den Amsterdamer Grachten

dem calvinistischen Schlichtheitsgebot, abgesehen von der monumentalen, von Orgelbauer *Roelof Barentsz. Duyschot* und seinem Sohn Johannes 1686 gefertigten **Orgel**, deren Flügel der bedeutende Freskenmaler *Gerard Lairesse* (1640–1711) mit Darstellungen aus dem Alten Testament, den vier Evangelisten und Musikinstrumenten versehen hat.

Doch noch immer birgt die Kirche ein Geheimnis – das um die **Grabstätte Rembrandts**, der hier am 8. Oktober 1669 in einem Armengrab bestattet wurde. Da nach wie vor nicht bekannt ist, an welcher Stelle genau der Meister ruht, brachte man Anfang des 20. Jh. beim Grab seines ebenfalls hier beerdigten Sohnes Titus eine Gedenkplatte an. Die Untersuchung der in der Kirche vorhandenen Gebeine wurde mittlerweile erfolglos abgebrochen. Auf die Spur Rembrandts sollte u. a. die Analyse des Bleigehalts von Knochen führen, denn im 17. Jh. war das Schwermetall Bestandteil der Farben, mit denen Maler täglich umgingen und setzte sich daher vermehrt in deren Körpern ab.

Auf dem Westermarkt, zwischen Kirche und Keizersgracht, steht das von *Karin Daan* geschaffene **Homomonument** ›De Drie Driehoeke‹. Es besteht aus drei großen Dreiecken aus rosa Granit und erinnert an die Verfolgung der Homosexuellen durch die Nationalsozialisten. In den Konzentrationslagern mussten die Deportierten als Identifikationszeichen ein rosa Dreieck an ihrer Kleidung tragen.

39 Woonboot Museum

Wohnen auf dem Wasser.

Prinsengracht, gegenüber Haus Nr. 296
Tel. 020/427 07 50
www.houseboatmuseum.nl
März–Okt. Di–So 11–17, Nov.–Feb. Fr–So 11–17 Uhr
Straßenbahn: 1, 2, 5

Dusche, Heizung, Kabelfernsehen und ein geräumiges Wohnzimmer – wie das Woonboot Museum eindrucksvoll demonstriert, müssen die Amsterdamer *Waterbewoner* auf Komfort nicht verzichten, sofern ihr Boot ebenso ausgestattet ist wie die ›**Hendrika Maria**‹. Der zum Hausboot und Museum umfunktionierte Kiesfrachter, der jahrzehntelang den Rhein auf und ab schipperte, liegt seit Sommer 1997 vertäut an der Prinsengracht. Insgesamt liegen an den Ufern der Amsterdamer Grachten nahezu **3000 Hausboote**, von der schnittigen, modernen Jacht bis zum alten Lastkahn, die wie andere Wohnungen auch allesamt mit Strom, Gas, Wasser- und Abwasserrohren versorgt werden müssen. Annähernd **6000 Menschen**, vom normalen Bürger bis zum Künstler und Bohemien, haben diese Wohnform als die ihre gewählt. In manchen Hausbooten werden Kojen vermietet, einige dienen als Stundenhotel oder Marihuana-Höhle, eines sogar als Quartier für unzählige Katzen.

Ursprünglich als eine Übergangslösung für den in den 1950er-Jahren in Amsterdam herrschenden **Wohnungsmangel** gedacht, gerät das Leben auf dem Wasser heute zunehmend zu einer exklusiven Form des Wohnens. Wer nämlich meint, er brauche sein Boot nur am Ufer irgendeiner Gracht festzumachen und könne dort liegen bleiben, täuscht sich. Alle offiziellen **Liegeplätze** der Stadt sind längst verkauft, Interessenten müssen also warten, bis ein vorhandener Platz frei wird – und dann tief in die Tasche greifen. Originell ist es schon, billig aber nicht, das Wohnen auf dem Kanal: Gut 225 000 € werden beim Kauf eines etwa 15 m langen Bootes fällig, dazu kommt die Liegeplatzgebühr von 1000 € im Jahr, ferner sind Steuern und Unterhalt zu beachten, wobei die alle paar Jahre fällige Generaluntersuchung mit eventueller Ausbesserung des Rumpfes auf einer Werft besonders kräftig zu Buche schlägt. Doch das muss sein, sagt Museumsinitiator *Vincent van Loon*, schließlich sollen die zahlreichen Wohnboote ja nicht eines Tages in den Grachten versinken.

Geräumig und gemütlich ist das Innere eines Hausbootes – Blick ins Woonboot Museum

▶ **Audio-Feature**
Woonboot Museum
QR-Code scannen [s. S. 5] oder dem Link folgen: www.adac.de/rf0806

Das Grachtengeflecht – ein ausgeklügeltes Entwässerungssystem

Das Leben in Amsterdam war seit jeher vom Wasser geprägt. **165 Grachten** mit einer Gesamtlänge von 75 km durchziehen die Stadt, die zum Großteil auf mühsam dem Meer abgerungenem Gelände steht. Die ersten Kanäle waren Teil der mittelalterlichen Befestigungsanlage und sicherten die Siedlung zur Landseite hin ab. Mit steigenden Bevölkerungszahlen in der ersten Hälfte des 17. Jh. wuchs Amsterdam jedoch über die alten Stadtgrenzen, die Kanäle Singel und Oude Schans, hinaus. So stand beim Bau des großen **Grachtengürtels** aus Heren-, Keizers- und Prinsengracht (1612–63) die Erschließung von neuem Bauland im Vordergrund.

Die Kanäle sind seitdem die **Lebensader** Amsterdams. Jahrhundertelang wurden sie als Transportwege zwischen Hafen, Lagerhäusern und den Märkten der Stadt genutzt. Sie dienten jedoch auch als Abwasserkanäle und trugen das Brauchwasser hinaus in die Zuiderzee. Besonders im Sommer hing daher häufig ein unerträglicher Gestank über den Grachten – erst 1988 wurden die letzten Häuser an die städtische Kanalisation angeschlossen. Bis Ende des 19. Jh. sorgten allein Ebbe und Flut der Zuiderzee für einen allerdings unzureichenden Wasseraustausch in den Kanälen. Heute besteht ein ausgeklügeltes System von Schleusen und Pumpen, die altes Wasser abfließen und frisches Wasser – jede Nacht 600 000 m³ – aus dem IJsselmeer nachfließen lassen.

Vom Wasser geht bis heute aber auch die größte Gefahr für die Hauptstadt der Niederlande aus. Denn in erster Linie dienten und dienen die Grachten der Entwässerung. In einer Stadt, die unterhalb des Meeresspiegels liegt, ist es von besonderer Wichtigkeit, den **Wasserstand** in den Kanälen stets konstant zu halten. Schon ein leichter Anstieg kann zu Hochwasser und Überflutung der Häuser führen. Bedrohlicher für die Bausubstanz ist jedoch ein Sinken des Wasserspiegels. Denn die historischen Gebäude der größten Pfahlsiedlung der Welt ruhen auf Tausenden von Baumstämmen, die in den sumpfigen Untergrund getrieben wurden. Wenn also der Pegel in den Grachten nur um wenige Dezimeter sinkt, und die Baumstämme, auf denen die Häuser ruhen, trockenfallen, drohen die alten Stämme zu faulen, und für die historischen Bauten besteht Einsturzgefahr. So werden bei Restaurierungsarbeiten der alten Bausubstanz vielfach Baumstämme durch solche aus Beton ersetzt. Und bei Neubauprojekten gießt man gleich ein komplettes Betonfundament.

Jordaan – vom Arbeiterquartier zum Szeneviertel

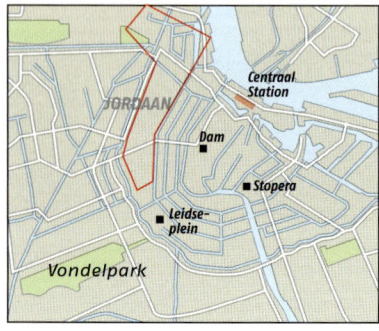

Im frühen 17. Jh., also zeitgleich mit dem Aushub des *Dreigrachtengürtels*, wurde auch das westlich anschließende Sumpfland bewohnbar gemacht. Es entstand das Arbeiterviertel **Nieuwe Werck** (Neue Arbeit). Woher die heutige Bezeichnung dieses im Osten von Prinsen-, im Süden von Leidse-, im Westen von Lijnbaans- und im Norden von Brouwersgracht begrenzten Bezirks, **Jordaan**, stammt, ist unklar. Da etliche Grachten Blumennamen tragen, leitet sich der Name möglicherweise von *Jardin* (franz. Garten) ab. In diesem Viertel siedelten besonders Abdecker, Gerber, Kesselmacher, Schmiede und andere Handwerker, deren Gewerbe Gestank und Lärm produzierten – vom *Goldenen Zeitalter* war hier nicht viel zu spüren. Wie zahllose andere Arme lebte hier auch Rembrandt, der in jungen Jahren so erfolgreiche Maler. Er verbrachte seinen Lebensabend in einer bescheidenen Unterkunft an der **Rozengracht**. Der Jordaan blieb auch in den folgenden Jahrhunderten Heimat der Arbeiter und Mittellosen. Anfang des 20. Jh. hatte das Viertel 80 000 Einwohner.

In den 1960er-Jahren entdeckten dann Künstler, Intellektuelle, Studenten und Aussteiger das Areal westlich der Altstadt als preisgünstiges Wohnquartier. In Eigeninitiative restaurierten sie zahlreiche verwahrloste Häuser und bewahrten sie durch Protestaktionen vor dem Abbruch. Manche Werkstatt vergangener Tage ist mittlerweile in ein Atelier, mancher kleine Laden in eine Boutique verwandelt worden. Dennoch hat sich vom ursprünglichen Flair des Arbeiterviertels noch einiges erhalten. Bei einem Spaziergang kann man allenthalben malerische Grachten, alte Wohnhäuser und idyllische Hofjes entdecken.

Auch die Gebäude auf den künstlichen Inseln des **Westerdok**, einst Lagerhäuser des betriebsamen Amsterdamer Hafens, sind mittlerweile begehrte Wohnquartiere. Fast schon museal ist schließlich das Quartier **Het Schip**, mit dem am Anfang des 20. Jh. der Architekt Michel de Klerk seine Vision von sozialem Wohnungsbau verwirklichte.

40 Jordaan

Das alte Arbeiterviertel lockt mit seinen stimmungsvollen Grachten und stillen Hofjes, seinen zahlreichen Märkten und Kneipen ein bunt gemischtes Publikum an.

Zwischen Prinsengracht und Lijnbaansgracht
Straßenbahn 13, 14, 17

Der Jordaan, der sich in den letzten Jahrzehnten vom Arbeiter- zum Szeneviertel mit vielen interessanten Geschäften, Galerien und Kneipen entwickelt hat, lässt sich am besten zu Fuß erkunden. Leider wurden viele der einst stark verschmutzten Kanäle Ende des 19. Jh. aus hygienischen Gründen zugeschüttet, trotzdem ist das Viertel reich an malerischen Ecken, und immerhin gibt es auch noch über 800 denkmalgeschützte Wohnhäuser zu bestaunen.

Der Platz Ecke Prinsengracht/Elandsgracht am südöstlichen Rand des Viertels wurde von den alteingesessenen Jordaanern **Johnny Jordaan Plein** getauft – in Erinnerung an den in den 1950er-Jahren so beliebten und noch heute verehrten

Eine Kutter-Tour auf den Amsterdamer Grachten ist ein unvergessliches Erlebnis

Schnulzensänger *Johnny Jordaan*, der sich nach seinem Viertel benannt und dieses in seinen Liedern inbrünstig besungen hat. Die Straßen des Jordaan inspirierten jedoch nicht nur Schlagersänger. In der nahen **Lauriergracht** siedelte der Schriftsteller *Multatuli* [s. S. 56] die heroische Figur seines Romans ›Max Havelaar‹, den Kaffeehändler Droogstoppel, an: »Ich bin Kaffeehändler und wohne in der Lauriergracht 37«.

Über die Rozengracht, in der Rembrandt seine letzten Lebensjahre verbrachte (sein vorheriges Wohnhaus exis-

TOP TIPP tiert nicht mehr), erreicht man die **Bloemgracht**. Sie zählt zu den schönsten der heute noch im Viertel erhaltenen Kanäle und wird wegen ihrer vornehmen Architektur auch die ›Herengracht des Jordaan‹ genannt. Besonders sehenswert ist das Häusertrio *De Drie Hendricken* (Nr. 87–91) aus dem 17. Jh., deren Treppengiebel interessante Fassadensteine aufweisen. Ihre Inschriften lauten ›De Steeman‹ (Der Städter), ›De Landman‹ und ›De Zeeman‹.

Kurz vor der Prinsengracht zweigt linker Hand die **Eerste Leliedwarsstraat** ab.

Jordaan – an der Prinsengracht lädt das Café de Vergulde Gaper zum Verweilen ein

So mag der Amsterdamer seine Bruine Cafés: das 't Smalle in der Egelantiersgracht

Hier wuchs in ärmlichen Verhältnissen der Schriftsteller, Sozialist und Pädagoge *Theo Thijssen* (1879–1943) auf. In seinem Geburtshaus, Nr. 16, ist heute ein kleines Museum (Tel. 020/420 71 19, www.theo thijssenmuseum.nl, Do–So 12–17 Uhr) über Leben und Schaffen Thijssens eingerichtet. Zu seinen Werken zählen ›Am Morgen eines Lebens‹ und ›Kees de Jongen‹, in denen er seine Kindheit im Jordaan beschreibt. Ein paar Straßen weiter nördlich, an der Lindenstraat vor dem *Café Thijssen*, wird mit einer Bronze des Lehrers gedacht: Thijssen sitzt auf einem Pult, ein Schüler auf einer Bank.

Auch die **Egelantiersgracht** besitzt noch einen Kanal, der wesentlich zum Charme der Straße mit ihren zahlreichen Häuserfassaden aus dem 17. und 18. Jh. beiträgt. Dort lädt auch das über 200 Jahre alte *Café 't Smalle*, eines der bekanntesten *Bruine Cafés* Amsterdams [s. S. 123], zur gemütlichen Rast ein. Ruhe findet man auch im *Claes Claesz. Hofje* (Eingang Eerste Egelantiersdwarsstraat 3), benannt nach Claes Claesz. Anslo, einem Wiedertäufer und Textilkaufmann. Im ehemaligen Altenheim haben sich heute Studenten der Musikakademie einquartiert. Einst gab es hier im Jordaan fast 100 dieser Wohnhöfe, doch nur noch wenige von ihnen sind erhalten und zu besichtigen. Gleich in der Nachbarschaft, in der Egelantiersgracht 107–141, steht das 1617 errichtete *Sint Andrieshofje* Besuchern offen. Der schmale Zugang präsentiert sich mit blau-weißen Delfter Kacheln verziert.

Ein Idyll mit gepflegtem Garten ist das weiter nördlich in der Karthuizerstraat 89–171 gelegene **Karthuizerhofje**. Es wurde 1650 an der Stelle eines Kartäuserklosters errichtet und war früher hauptsächlich von Witwen bewohnt, worauf auch der ursprüngliche Name Huys-Zitten-Weduwen-Hofje hinweist.

Die größte Kirche des Jordaan, die **Noorderkerk** (Tel. 020/626 64 36, www.noor derkerk.org, Mo 10.30–12.30, Sa 11–13, So 13.30–17.30 Uhr) erhebt sich am Nordermarkt 48 am Nordostrand des Viertels nahe der Prinsengracht. Sie wurde von Hendrik de Keyser entworfen, der das Stadtbild Amsterdams Anfang des 17. Jh. wesentlich geprägt hat. Da De Keyser jedoch schon bald nach Baubeginn 1620 verstarb, vollendete sein Nachfolger im Amt des Stadtbaumeisters, *Hendrick Staets*, das außen wie innen schlichte Gotteshaus bis 1623. Wie die etwa zur selben Zeit entstandene Westerkerk [s. S. 59] besitzt auch die Noorderkerk einen Grundriss in Form eines griechischen Kreuzes, der in der Folge für protestantische Kirchen häufig Verwendung fand.

Auf dem Platz rund um das Gotteshaus, dem **Noordermarkt**, wurde einst der Viehmarkt abgehalten. Daran erinnern die Reliefs einer Kuh, eines Huhns und eines Schafes in den Giebelsteinen der Wohnhäuser Noordermarkt 17–19. Noch heute herrscht hier emsiges Markttreiben, an Samstagen findet der Markt der Biobauern statt, an Montagen der berühmte Lapjesmarkt für Textilien.

Auch in der **Lindengracht**, die man in wenigen Minuten von der Noorderkerk aus in nördlicher Richtung erreicht, hat man den Kanal im 19. Jh. zugeschüttet. An die sich einst im Wasser spiegelnden Giebel erinnert der spaßige Fassadenstein an Haus Nr. 55: Fische schwimmen durch die Baumkrone einer Linde, die Jahreszahl steht auf dem Kopf, und der wie ein höchst seltsamer Name aussehende Schriftzug ›THCARGNEDNIL‹ ist nichts anderes als der spiegelverkehrte Name der Straße. Beim Schlendern durch die Straße passiert man das 1616 entstandene Lindenhofje (Nr. 94–112), nach dem Begijnhof der älteste Wohnhof Amsterdams. Die Inschriften an den Fassaden der erst 1896 erbauten Häuser Nr. 206–220 weisen auf die Berufe ihrer einstigen Bewohner hin. Hier lebten *Steenhouwer* (Steinhauer), *Grandwerker* (Erdarbeiter), *Loodjiter* (Klempner), *Metslaar* (Maurer) und andere Handwerker.

Bis 1886 war die Lindengracht Schauplatz eines grausamen Volksvergnügens, des *Paling trekken*, bei dem ein lebender, mit Seife eingeschmierter und an einem Seil über der Gracht aufgehängter Aal vom fahrenden Boot aus abgerissen werden musste. Als Polizisten ein Verbot dieses barbarischen Treibens durchsetzen wollten, kam es zum *Paling Oproer*. Fazit des blutig niedergeschlagenen Aufruhrs: 26 Tote und Hunderte Verletzte.

Der Geschichte um das makabre Ereignis wurde 1931 ein weiteres Kapitel zugefügt. Damals ließ ein Geschäftsmann den getrockneten Kadaver von 1886, auf einen ordentlichen Gewinn hoffend, versteigern. Das Corpus Delicti brachte jedoch – trotz beiliegendem Echtheitszertifikat – nur 1,75 Gulden.

▶ **Audio-Feature Jordaan**
QR-Code scannen [s. S. 5] oder dem Link folgen:
www.adac.de/rf0807

41 Westerdok

Flanieren im alten Hafen: Alte Lagerhäuser wurden zu Restaurants und Apartments.

Nördlich Haarlemmer Houttuinen
Bus: 18, 22

Im Westerdok, dem westlichen Becken des alten Amsterdamer Hafens, wurden im frühen 17. Jh. drei Inseln, Bickers-, Realen- und Prinseneiland, künstlich aufgeschüttet. Etwas entlegen, hat sich hier das jahrhundertealte Flair des Hafenviertels erhalten. Hier gibt es alte Lagerhäuser, aber auch kleine Werften, auf denen Schiffe repariert und instand gehalten werden. Und auf den Grachten schaukeln Wohnboote und Kähne.

Vom Haarlemmerplein gelangt man durch eine Bahnunterführung zur *Sloterdijkstraat* und, wenn man dieser in östlicher Richtung folgt und die malerische weiße Hebebrücke überquert, direkt zum **Prinseneiland**. Benannt wurde die Insel nach ihrem größten, heute allerdings nicht mehr erhaltenen Lagerhaus, das die Namen dreier Oranierprinzen (Willem, Maurits, Frederik Hendrik) trug. Am Prinseneiland 24b wohnte und arbeitete Ende des 19. Jh. der mit Van Gogh befreundete Maler und Fotograf *George Hendrik Breitner* (1857–1923), dessen altes Ateliergebäude heute jedoch nicht mehr steht. In vielen seiner Fotografien und Gemälde, einige von ihnen können im Rijksmuseum [s. S. 76] besichtigt werden, hielt er das Leben in der Altstadt von Amsterdam fest. Quer über die kleine Insel führt die Galgenstraat, deren Name an frühere Zeiten erinnert, als man zum Tode Verur-

Die roten Klappläden an den Speicherhäusern im Westerdok sind ein echter Blickfang

teilte am IJ aufhängte und die Toten – »ter grauwelijck exempel«, als abschreckendes Beispiel – dort hängen ließ. Ob die erzieherische Maßnahme fruchtete, ist nicht gewiss, fest steht jedoch, dass die Galgen ein beliebtes Ausflugsziel der Amsterdamer waren. Im Norden stellt eine schmale Hebebrücke, die Drieharingenbrug (Dreiheringsbrücke), die Verbindung zum **Reaeleneiland** her. Hier, am Zandhoek, hatte der vermögende Kaufmann *Laurens Jacobsz* Anfang des 17. Jh. die ersten Gebäude errichten lassen. Die prächtigen Giebelhäuser dieser Straße sind zusammen mit den schönen Wohnbooten und den häufig hier festgemachten historischen *Tjalken*, einmastigen Küstensegelschiffen, ein viel fotografiertes Motiv. Im Giebelstein des Restaurants ›De Gouden Reael‹ (Hausnr. 14, Tel. 020/ 6233883, www.goudenreael.nl) erkennt man eine Münze, den Real, der zu Lebzeiten von Laurens J. Reael als Zahlungsmittel in Spanien im Umlauf war. ›De Gouden Reael‹ ist zugleich der Titel einer Novelle von Jan Mens, mit der der Dichter den Blick der Öffentlichkeit auf das damals verwahrloste Gebiet am Westerdok lenkte und damit wesentlich zu dessen Sanierung beitrug.

Über den Zandhoek geht es weiter auf die dritte der künstlich angelegten Inseln, das **Bickerseiland**, das der wohlhabende Schiffsbauer und Kaufmann Jan Bicker, Bruder des damaligen Bürgermeisters Andries Bicker, 1631 gekauft hatte, um Wohn- und Lagerhäuser zu errichten. Sie sind größtenteils heute noch erhalten.

42 Het Schip

Einst innovativer sozialer Wohnungsbau der Amsterdamer Schule.

Spaarndammerplantsoen 140
www.hetschip.nl
Tel. 020/418 28 85
Di–So 11–17 Uhr
Bus: 22

Noch hinter dem Westerdok kann man mit der für Bahnarbeiter geschaffenen Wohnanlage Het Schip eines der wichtigsten Werke der **Amsterdamer Schule** besichtigen. Geschaffen wurde der auf dreieckigem Grundriss um einen Innenhof angelegte Backsteinbau Anfang der 1920er-Jahre von Michel de Klerk, einer der führenden Persönlichkeiten der innovativen Architektengruppe. Verspielte Details wie Erker, Türmchen, abgerundete Ecken, Balkone und die stark unterteilten Fenster geben dem Bau seine ganz besondere Note. Im Bug des ›Schiffes‹ – ursprünglich war hier ein Postamt – logiert mittlerweile ein **Museum** und informiert über die Geschichte des Baus. Im markanten Turm im Zentrum der Anlage wurde zudem eine Wohnung wieder ganz im Stil der 1920er-Jahre eingerichtet.

Die Bahnarbeiter, die zuvor in weitaus ärmlicheren Behausungen gewohnt hatten, waren zunächst begeistert, doch die Freude über den avantgardistischen Wohnblock schwächte sich schon bald ab, als die Bewohner daran gingen, die in bis zu 81 Scheiben unterteilten Fenster ihrer Wohnungen zu putzen.

Aus dem Rahmen gefallen – die Wohnanlage Het Schip besticht durch verspielte Details

Südlicher Grachtengürtel – auf den Spuren der reichen Handelsherren

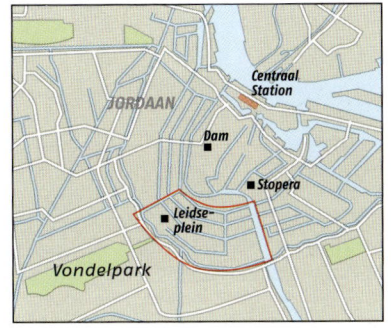

Lange Zeit galt der im 17. Jh. innerhalb von 40 Jahren angelegte südliche Grachtengürtel als die erste Wohnadresse Amsterdams. Zwischen **Herengracht** und **Prinsengracht** lebten die wohlhabenden Kaufleute, die Bankiers, und auch der Bürgermeister war hier zu Hause. Mehrere der herrlichen Kanalhäuser wurden in Museen umgewandelt und vermitteln interessante Einblicke in Leben und Wohnkultur der Amsterdamer Oberschicht des 17./18. Jh. Die früheren Residenzen bekannter Kaufmannsfamilien, das **Museum Willet-Holthuysen** und das **Museum Van Loon**, beeindrucken mit gediegener Originaleinrichtung, den Kunstsammlungen der früheren Besitzer und malerischen Gärten. Die **Hermitage Amsterdam** feiert die jahrhundertealte Beziehung zwischen Amsterdam und St. Petersburg, der einstigen Hauptstadt des zaristischen Russlands. Angesichts der Ansammlung prächtiger Stadtpaläste an der Herengracht rund um den Königsplein sprechen die Amsterdamer noch heute ehrfurchtsvoll von der **Gouden Bocht**, der ›Goldenen Biegung‹. Andere Sehenswürdigkeiten des Viertels sind die **Magere Brug**, die letzte handbetriebene Hebebrücke Amsterdams, und das **Pathé Tuschinski**, ein Filmpalast aus den 1920er-Jahren im Stil des Art déco. Der am äußeren Rand des Grachtenrings gelegene **Leidseplein** schließlich zählt mit seinen Cafés und Restaurants, Diskotheken und Musikklubs zu den beliebtesten Treffs des Nachtlebens.

43 Leidseplein

Der von Cafés gesäumte und von Straßenkünstlern belebte Platz ist ein beliebter Treff für Amsterdamer und Touristen.

Straßenbahn: 1, 2, 5, 6, 7, 10

Amsterdam mit seinen Grachten und engen Straßen hatte schon im Mittelalter mit Verkehrsproblemen zu kämpfen, weshalb Pferdegespanne und größere Karren auf Plätzen am Stadtrand zurückgelassen werden mussten. Wer beispielsweise aus Richtung Leiden anreiste, parkte auf dem Leidseplein und passierte das Leidsepoort, ein im 19. Jh. abgerissenes Stadttor, auf einem kleineren Gefährt.

Heute ist der am Rand des Dreigrachtengürtels gelegene Platz ein Zentrum des städtischen Lebens, sommers wie winters. Während man hier in der kalten Jahreszeit auf einer Eislaufbahn seine Runden drehen kann, laden in den wärmeren Monaten Straßencafés zum Verweilen ein, ziehen Musikanten, Feuerschlucker, Jongleure und Artisten die Passanten in ihren Bann, aber – Obacht! – auch so mancher Taschendieb erleichtert die Zuschauer unbemerkt um ihre Geldbörse. In den letzten Jahren hat sich das Aussehen des Platzes gewandelt, haben Fast-Food-Läden alteingesessene Lokale verdrängt. Was der Beliebtheit jedoch kaum Abbruch tut. Besonders im Sommer ist der Platz ein gut besuchter Treff der Einwohner und Touristen, die von hier aus abends und nachts durch die umliegenden Kneipen, Nachtklubs und Diskotheken ziehen oder eines der Kinos oder Theater besuchen. Zu den bekanntesten Klubs Amsterdams gehört das **Paradiso** (Weteringschans 6–8, s. S. 127). Statt Chorgesänge ertönen in den Gemäuern der

TOP TIPP
einstigen Kirche Reggae und Salsa. Und im Kulturzentrum **Melkweg** (Lijnbaansgracht 234 a, s. S. 127), einst Molkerei und dann Treffpunkt der Hippies, spielen heute Hochkaräter aus Rock, Pop, Folk und Jazz auf. Auch Fans von Filmklassikern kommen auf ihre Kosten.

Die Westseite des Leidseplein wird von zwei imposanten Gebäuden eingenommen. Als erstes fällt die **Stadsschouwburg** ins Auge, ein roter Backsteinbau mit Arkaden und Türmchen im Stil der Neorenaissance. Errichtet wurde das feudale Stadttheater mit Königsloge 1894 nach Entwürfen von *J. L. Springer*, aufgeführt werden hier vorwiegend Schauspiele, aber auch Opern und Ballett. Das Gebäude am Leidseplein ist allerdings nicht nur Theaterfreunden bekannt, sondern auch Fußballfans, denn nach einem bedeutenden Sieg lassen sich Spieler und Funktionäre von AJAX Amsterdam stets auf dem Balkon des Theaters von ihren auf dem Platz versammelten Fans feiern. In dem Gebäude ist außerdem das *Amsterdam Uitburo* (AUB) untergebracht, in dem man Informationen über die aktuellen kulturellen Veranstaltungen in der Stadt sowie Eintrittskarten erhält.

Gleich nebenan erhebt sich das **Amsterdam American Hotel** [s. S. 131], das zu den schönsten Jugendstilbauten der Stadt zählt. Errichtet wurde es 1902 von *Willem Kromhout*, nachdem ein nur 20 Jahre altes, im neogotischen Stil errichtetes Hotel abgerissen wurde – vermutlich entsprach es nicht mehr dem

Zeitgeschmack. Sehr zu empfehlen ist ein Besuch des dortigen **Café Americain** [s. S. 124], zu dessen Art-déco-Ausstattung Wandgemälde, Glasmalereien und Tiffanylampen gehören.

Das Café Americain begeistert mit seiner Art-déco-Ausstattung und viel Lesestoff

Einst war das Hotelcafé mit seinem langen Lesetisch voller Zeitschriften Treffpunkt von Intellektuellen und Künstlern. Max Beckmann sammelte hier Ideen für das Personal seiner Gemälde, und Klaus Mann soll hier an seinem Roman ›Mephisto‹ gearbeitet haben.

▶ **Audio-Feature Leidseplein**
QR-Code scannen [s. S. 5] oder dem Link folgen:
www.adac.de/rf0809

44 Kattenkabinet

In diesem ungewöhnlichen Museum dreht sich alles um Katzen.
Herengracht 497
Tel. 020/626 90 40
www.kattenkabinet.nl
Mo–Fr 10–16, Sa/So 12–17 Uhr
Straßenbahn: 1, 2, 4, 5, 9, 14

In einem stattlichen Patrizierhaus an der Herengracht kann ein originelles Museum besichtigt werden, das Kattenkabi-

In den Cafés und Kneipen am Leidseplein trifft sich die ganze Welt

net. Gewidmet ist die durchaus sehenswerte Ausstellung dem 1984 hier verstorbenen *John Pierpont Morgan* und seinen Artgenossen. Der Verstorbene war kein gewöhnlicher Hausbewohner – wie schon sein von einem steinreichen New Yorker Bankier und Sammler entliehener Name andeutet –, sondern der Kater des Eigentümers, des wohlhabenden Bankiers und großen Katzenfreundes *Bob Meijer*, der im Laufe seines Lebens eine beachtliche Sammlung an Kunstwerken und Objekten rund um das Thema Katze zusammengetragen hat. Begrüßt werden die Museumsbesucher von zwei Bildern mit dem Konterfei des Katers J. P. Morgan. Daneben können Katzenexponate aus mehreren Jahrhunderten betrachtet werden, von einer Bronzeskulptur aus dem alten Ägypten, über Kupferstiche von Rembrandt bis zu Gemälden von Karel Appel. Gelegentlich finden auch interessante Wechselausstellungen statt, die natürlich wieder nur ein einziges Thema haben, nämlich Katzen.

Treppengiebel oder Stufengiebel, hier vom Ende des 16. Jh., waren äußerst beliebt

Dieser stolze Schnabelgiebel des 16. Jh. trägt obenauf noch einen bronzenen Hirschkopf

Giebelformen – die Typologie der Amsterdamer Grachtenhäuser

Seine besondere Atmosphäre verdankt Amsterdam den Grachten – und den Tausenden von Grachtenhäusern. Rund 7000 alte **Wohn- und Speicherhäuser** entlang der Kanäle stehen unter Denkmalschutz, die meisten von ihnen stammen aus dem 18. und 19. Jh., doch gibt es auch noch einige Exemplare aus dem 17. Jh. Bei einer Grachtenrundfahrt oder einem Spaziergang entlang des Grachtengürtels lohnt es sich, den Blick immer wieder gen Himmel zu richten, denn kein Haus gleicht dem anderen, und immer wieder entdeckt man schöne Schmuckformen. Die typischen Amsterdamer Kanalhäuser sind schmal und hoch und besitzen als krönenden Abschluss einen stattlichen Giebel. Im Laufe der Zeit haben sich verschiedene **Giebelformen** herausgebildet, an denen man die ungefähre Entstehungszeit der Gebäude festmachen kann.

Als im 17. Jh. der Dreigrachtengürtel aus Heren-, Keizers- und Prinsengracht angelegt wurde, war man bestrebt, das mühsam dem sumpfigen Gelände ab-gerungene, höchst kostbare Bauland optimal zu nutzen. So parzellierte man das jeweils zwischen zwei Kanälen gelegene Areal in zwei Reihen schmaler Normgrundstücke. Da sich die Berechnung der Steuern nach **Hausbreite** und Fensteranzahl richtete, sind die meisten Häuser nur 4 bis 6 m breit, dafür aber gut 25 m tief. Wer es sich leisten konnte, kaufte zwei nebeneinander liegende Parzellen und baute ein Haus, dessen Fassade zwei Häuser vortäuschte. Um den Gebäuden Standfestigkeit zu geben, wurden lange Fichtenstämme bis zu 20 m durch den sumpfigen Boden in tragfähigen Grund getrieben. Die drei bis vier Stockwerke hoch aufragenden Häuser bestehen aus **Voorhuis** (Vorderhaus) und **Achterhuis** (Hinterhaus), haben meist ein Onderhuis (Souterrain) und darüber die über eine Freitreppe von der Straße aus zugängliche Beletage sowie zwei bis drei Wohnetagen. Die oberen Stockwerke sind über enge, steile Stiegen zu erreichen – doch es ist völlig unmöglich, sperrige Möbel auf

Halsgiebel oder Flaschengiebel aus der Mitte des 17. Jh. mit Reiter im Rundbogen

Schwungvoll, elegant und fein profiliert – ein Glockengiebel aus der Mitte des 17. Jh.

diesem Weg nach oben zu transportieren. Umzugsgut musste daher mittels des aus dem Giebel herausragenden **Hijsbalk** an einem Flaschenzug hochgezogen und durch die Fenster ins Haus gehievt werden. Eine Eigenheit der älteren Gebäude ist der **Vluchtgevel**, der sich etliche Grade nach vorn über die Straße neigende Giebel. Sinn und Zweck? Zum Schutz der Fassade vor Regenwasser, meinen die einen, damit Gegenstände beim Heraufziehen mit dem Flaschenzug nicht gegen die Wand schlagen, sagen die anderen.

Typisch für die mittelalterlichen Bauten Amsterdams ist der schlichte **Spitzgiebel**, wie ihn das älteste Holzhaus der Stadt im Begijnhof [s. S. 35] aufweist. Mit steigendem Wohlstand breiter Schichten ab dem Ende des 16. Jh. wurde der Giebel dann zur Zierde des Hauses, und neue Formen entstanden. Der **Treppen- oder Stufengiebel** war von Ende des 16. bis Mitte des 17. Jh. an Wohnhäusern beliebt, während an Speicherhäusern der Zeit der eher schmucklose **Schnabelgiebel** bevorzugt wird. Dieser sieht aus wie ein Spitzgiebel mit rechteckigem

Abschluss. Der **Hals- oder Flaschengiebel**, ein rechteckiger Aufsatz, dessen Ecken viel Raum für Schmuckformen wie Blumen- oder Fruchtgirlanden lassen, kam Mitte des 17. Jh. auf und hielt sich etwa 150 Jahre. Aus dem Halsgiebel entwickelte sich ebenfalls Mitte des 17. Jh. der **Glockengiebel**. Hierbei geht die Fassade in einem schwungvollen Bogen in den Giebel über. Auch dieser wird gerne verziert, z. B. durch Voluten. Ende des 18. Jh. kam schließlich der **Leistengiebel** in Mode, ein mitunter reich verzierter, waagrechter Fassadenabschluss im Stil des französischen Klassizismus.

Erst unter Louis Napoleon Anfang des 18. Jh. wurden überhaupt Hausnummern in Amsterdam eingeführt. Bis zu diesem Zeitpunkt erleichterte der **Gevelsteen**, eine kleine Relieftafel über der Tür mit den verschiedensten Motiven das Auffinden eines Hauses. Häufig wurde auf dem Giebelstein der Beruf des Bewohners dargestellt, aber auch religiöse Motive, Tiere und Pflanzen sowie Gestirne gaben dem Haus eine persönliche Note – der Fantasie waren keine Grenzen gesetzt.

![Das Filmtheater Pathé Tuschinski aus den 1920er-Jahren begeistert bis heute seine Besucher]

Das Filmtheater Pathé Tuschinski aus den 1920er-Jahren begeistert bis heute seine Besucher

45 Pathé Tuschinski

Amsterdams schönster Filmpalast mit herrlichem Art-déco-Interieur aus den 1920er-Jahren.

Reguliersbreestraat 26–28
Kartenreservierung: Tel. 09 00/14 58
(gebührenpflichtig)
www.pathe.nl
Straßenbahn: 4, 9, 16, 24, 25

Unweit des trubeligen **Rembrandtplein** mit seinen gut besuchten Straßencafés zieht das pompöse Entrée des Pathé Tuschinski die Blicke auf sich. Auch wenn man sich keinen Film ansehen möchte, lohnt die ›Alte Dame‹, wie die Amsterdamer das Tuschinski-Kino nennen, einen Besuch. Der 1921 von dem polnischen Juden *Abraham Tuschinski* errichtete Filmpalast wird seit seiner Restaurierung, die u. a. die Fassade mit ihren goldgrün glasierten Ziegeln und den zwei Türmchen wieder in altem Glanz erstrahlen ließ, von der Kinokette Pathé betrieben (deshalb: *Pathé Tuschinski*). Im Foyer mit seiner detailverliebten Art-déco-Einrichtung fühlt man sich zurückversetzt in die Kindertage des Kinos. Der 300 m² große Teppich, der 1984 von 60 Marokkanerinnen nach alter Vorlage gefertigt wurde, trägt das Wappentier Polens, einen kaminroten Adler. Von den fünf Kinosälen ist der *Grote Zaal* besonders prächtig ausgestattet. Und noch immer steht hier im Orchestergraben eines der Prunkstücke des Kinos, eine schon historische, in Tonawanda, USA, hergestellte Wurlitzer Orgel. Sie kam in der Stummfilm-Ära zum Einsatz.

46 Museum Willet-Holthuysen

Patrizierhaus aus dem 17. Jh. mit erlesenen Möbeln und viel Kunst.

Herengracht 605
Tel. 020/523 18 22
www.willetholthuysen.nl
Mo–Fr 10–17, Sa/So 11–17 Uhr
Straßenbahn: 4, 9, 14

1895 vermachte *Louisa Willet-Holthuysen*, die Tochter eines reichen Glas- und Kohlenhändlers, ihr repräsentatives Wohnhaus in der Herengracht, die Einrichtung sowie die Kunstsammlung ihres Mannes *Abraham Willet* der Stadt Amsterdam, die das Anwesen bereits ein Jahr später als Museum Willet-Holthuysen eröffnete. Es ist heute eines der wenigen öffentlich zugänglichen Grachtenhäuser, die noch vollständig original möbliert sind.

Hinter der prächtigen Fassade des 1685–90 errichteten, im Laufe der Jahrhunderte jedoch mehrfach umgestalteten Gebäudes verbirgt sich ein großzügiges Stadtpalais. Im Souterrain wohnten die Bediensteten, hier waren auch Vorratskammern und die Küche untergebracht, deren heutige Einrichtung aus dem 18. Jh. stammt. Durch das 1740 mit Stuck und Skulpturen ausgestattete Treppenhaus gelangt man in die Räume der Beletage, das Esszimmer und verschiedene Salons, in denen die umfangreiche Sammlung Willets ausgestellt ist: Gemälde, Stiche, Zeichnungen, Gläser und wertvolles Silber. Besonders sehenswert ist das ›Blaue Zimmer‹ mit einem 1744 von *Jacob de Wit* geschaffenen Deckengemälde der ›Morgenröte‹, auf dem die Göttin Aurora mit der Fackel die Nacht vertreibt. Vom kleinen Gartenzimmer mit seinem hohen Türfenster blickt man auf den im französischen Stil des 18. Jh. angelegten Garten, an dessen anderem Ende früher das Kutscherhaus und die Pferdeställe standen. In der 2. Etage liegt neben dem Schlafzimmer mit gemütlichem Baldachinbett ein kleines Kunstkabinett, in dem der Hausherr Miniaturen und Münzen verwahrte.

47 Museum Van Loon

Grachtenhaus mit stilvollem Interieur.

Keizersgracht 672
Tel. 020/624 52 55
www.museumvanloon.nl
Mi–Mo 11–17 Uhr
Straßenbahn: 16, 24, 25

Ein weiteres Patrizierhaus, das mit seinem Interieur des 18. Jh. einen Eindruck von der Wohnkultur jener Zeit vermittelt, kann in der nahen Keizersgracht besichtigt werden. *Adriaen Dortsman* errichtete das imposante Gebäude 1672 für den flämischen Kaufmann Jeremias van Raey, der eine Haushälfte selbst bewohnte, und die andere an den Rembrandt-Schüler Ferdinand Bol vermietete. Stolz hatte Van Raey den Giebel mit Statuen antiker Gottheiten schmücken lassen. Diese waren ihm offensichtlich jedoch nicht hold, denn nicht einmal zehn Jahre später, 1681, war er bankrott und musste seinen Besitz verkaufen. 1884 wurde das Haus von den Van Loons erworben, deren Vorfahren zu den Mitbegründern der Handelsgesellschaft VOC gehörten.

Der Rundgang führt durch die Räume des Erdgeschosses und der 1. Etage mit den Salons, Esszimmern und Privatgemä-

chern. Würdige Familienporträts und andere Gemälde, darunter das von *Jan Miense Molenaer* 1630 geschaffene ›Die vier Lebensalter oder die fünf Sinne‹, schmücken die Wände der Salons. Von der *Tuinkamer*, dem Gartenzimmer, blickt man in den im französischen Stil angelegten Garten. Im Esszimmer ist in einem Rokokoschrank wertvolles Amstelporzellan zu sehen. In der oberen Etage befinden sich Schlafgemächer und die Bibliothek, die aufgrund der Motive ihrer Stofftapete auch ›Vogelzimmer‹ genannt wird. Durch die Küche im Souterrain gelangt man in den Garten und zum Kutschenhaus mit seinem klassizistischen Portikus. Hier finden heute Wechselausstellungen statt.

48 FOAM – Fotografie-
museum Amsterdam

Namhafte Adresse für Fotoausstellungen verschiedener Genres.

Keizersgracht 609
Tel. 020/551 65 00
www.foam.org
Sa–Mi 10–18, Do/Fr 10–21 Uhr
Straßenbahn: 16, 24, 25

Das Fotografiemuseum Amsterdam, kurz FOAM, ist renommierter Ausstellungsort für Fotografien aller Epochen und Genres: von der Dokumentar- bis hin zur

Grüne Idylle – der französische Garten des Museums Van Loon mit Kutschenhaus

Modefotografie. Die Werke international bekannter Namen wie z. B. Richard Avedon, Malick Sidibé oder Domingo Milella sind in großen Ausstellungen zu sehen, und auch unbekannteren Fotokünstlern bietet das FOAM eine Plattform.

49 Magere Brug

Die strahlend weiße Holzbrücke ist eines der Wahrzeichen Amsterdams.

Metro 51, 53, 54
Straßenbahn: 4, 7, 10

Die Magere Brug, die die Kerkstraat mit der Nieuwe Kerkstraat über die Amstel hinweg verbindet, ist die bekannteste der zahllosen Amsterdamer Brücken und gehört, besonders nachts, wenn sie mit Hunderten von Glühbirnen illuminiert ist, zu den beliebtesten Fotomotiven der Amsterdam-Besucher. Eigentlich sollte die 1672 erbaute, noch immer von Hand betriebene Hebebrücke längst durch eine elektronisch betriebene ersetzt werden. 1929 hatte man die Originalbrücke aus dem 17. Jh. auch tatsächlich abgerissen, dann aber doch wieder rekonstruiert. Und der Name? Er rührt vermutlich daher, dass die erste an dieser Stelle über die Amstel geschlagene Brücke derart schmal war, dass zwei Fußgänger kaum aneinander vorbeikamen. Vielleicht geht die Bezeichnung aber auch auf einen Erbauer namens Mager zurück. Oder

stammt sie doch von den gleichnamigen, beiderseits der Amstel wohnenden älteren Schwestern, die die Brücke erbauen ließen, weil sie es leid waren, lange Fußmärsche auf sich zu nehmen, wenn sie einander besuchen wollten?

50 Hermitage Amsterdam

Die Schätze der St. Petersburger Eremitage in der niederländischen Hauptstadt.

Amstel 51
Tel. 020/530 74 88
www.hermitage.nl
tgl. 10–17 Uhr
Metro 51, 53, 54
Straßenbahn: 4, 7, 10

Seit Peter der Große 1697 als Schiffsbauer auf einer Amsterdamer Werft arbeitete, bestanden gute Beziehungen zwischen dem Zarenreich und den Niederlanden. St. Petersburg, seine neue Hauptstadt, ließ Peter nach dem Vorbild Amsterdams errichten. Kein Wunder also, dass sich die Leitung der St. Petersburger **Eremitage** für die niederländische Hauptstadt als Standort der Dependance ihres weltberühmten Museums entschied.

Als Ausstellungsgebäude wählte man den *Amstelhof*, ein klassizistisches Gebäude von 1681. Seine Entstehung verdankt er dem generösen Vermächtnis eines reichen Kaufmanns, der sein ge-

Die Magere Brug gehört zu den beliebtesten Fotomotiven Amsterdams

Hermitage Amsterdam – viel Raum für opulent bestückte Wechselausstellungen

samtes Vermögen dem Dekanat von Amsterdam hinterließ. Die Kirchenoberen beschlossen, mit dem Geld ein Altenheim für Damen zu erbauen – und was für eines! 102 m lang ist seine monumentale Fassade zur Amstel, imposant der große Innenhof. Erst 2007 zogen die letzten pflegebedürftigen Bewohner aus.

Zentraler Raum des Flügels an der Amstel ist die große *Kirchenhalle.* Sie diente sowohl für Gottesdienste als auch als Mensa für die 400 Damen, die im Amstelhof ihren Lebensabend verbringen konnten. Abgesehen von der *Küche* des Altenheims nahebei ist diese Halle der einzige Raum im Inneren der Hermitage Amsterdam, der in seinem Originalzustand vom Ende des 17. Jh wiederhergestellt wurde. Alle übrigen Teile des Amstelhofs entkernte das Architektenteam Merkx + Girod, um Raum für ein modernes Museum zu schaffen.

Zwei *Dauerausstellungen* präsentiert die 2009 eröffnete Hermitage Amsterdam in den an die Kirchenhalle angrenzenden Räumen. Die Beziehungen zwischen den Niederlanden bzw. Amsterdam und Russland sind Thema im ersten Teil. Anhand ausgewählter Gemälde und Schaustücke wird die gegenseitige kulturelle Befruchtung aufgezeichnet. Ein zweiter Bereich ist der Geschichte der Altenpflege in Amsterdam gewidmet,

natürlich mit besonderem Augenmerk auf den Amstelhof selbst.

Die übrigen Flügel der Hermitage Amsterdam bespielen in stetem Wechsel Ausstellungen aus dem reichen Fundus der St. Petersburger Eremitage, jede einzelne opulent und spektakulär. Das *Restaurant Neva* (Tel. 020/530 74 83, www. neva.nl, Mo–Sa 10–23, So 10–18 Uhr) lockt mit schick gestyltem Ambiente und guten Speisen.

Teils zum ersten Mal in Westeuropa: die Schätze der Eremitage in Amsterdam

Museumsviertel und Vondelpark – zu den großen Meisterwerken und dann ins Grüne

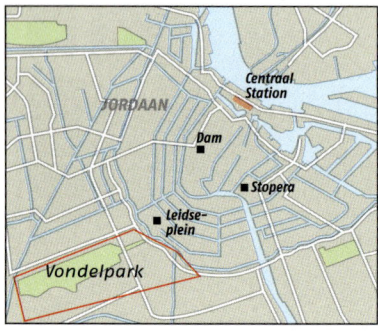

Amsterdam ist bekannt für seine vielfältige **Museumslandschaft**, aus der drei Kollektionen herausragen: **Rijksmuseum**, **Van Gogh Museum** und **Stedelijk Museum** gehören zu den bedeutendsten Museen der Welt. Die drei Gebäude liegen nah beieinander am *Museumplein* südlich der Altstadt und bieten eine geballte Ladung Kunst, deren intensive Erforschung mehrere Tage mit vielen unvergesslichen Eindrücken füllen kann. Das **Rijksmuseum** feierte im April 2013 nach zehnjähriger Restaurierung Wiedereröffnung und bietet seither die Gelegenheit, die weltberühmten Glanzstücke der Sammlung in neuer Hängung kennenzulernen. Publikumsmagnet ist zweifellos die monumentale ›Nachtwache‹ des Amsterdamer Malergenies *Rembrandt*, der hier zudem mit weiteren Spitzenwerken vertreten ist. Auch *Frans Hals*, *Jan Vermeer van Delft* und all die anderen niederländischen Künstler des Goldenen Zeitalters geben sich mit herrlichen Gemälden die Ehre. Nur wenige Schritte sind es zum **Van Gogh Museum**. In seinen weitläufigen Sälen entfalten die Werke *Vincent van Goghs* ihre unvergleichliche Strahlkraft. Im September 2012 fand nebenan die glanzvolle Wiedereröffnung des **Stedelijk Museum** statt, das mit einem spektakulären neuen Ausstellungsflügel und mit Stars der modernen Kunst begeistert. Nach dem Kulturmarathon kann man im schönen **Vondelpark** spazieren gehen und entspannen. Und Kraft tanken für einen Konzertabend im **Concertgebouw**, das für seine exzellente Akustik weithin bekannt ist. Das imposante Gebäude mit Café schließt den Museumplein nach Südwesten ab.

51 Rijksmuseum

Nach der feierlichen Wiedereröffnung des restaurierten Rijksmuseum erstrahlen die Meisterwerke niederländischer und europäischer Malerei in neuem Glanz.

Jan Luijkenstraat 1
Tel. 020/674 70 00
www.rijksmuseum.nl
tgl. 9–18 Uhr
Straßenbahn: 1, 3, 5, 7, 10, 12, 24, 25

»Nie und nimmer werde ich dieses Kloster mit seinen burgundischen Dächern betreten«, so tat *König Wilhelm III.* im Jahr 1885 sein Missfallen über den sakralen Charakter des neu erbauten Rijksmuseum kund. Doch dem Erfolg der Sammlung tat das natürlich keinen Abbruch. Heutzutage zieht das bedeutendste Museum des Landes alljährlich rund 1 Mio. Kunstinteressierte an. Und das Besucherinteresse dürfte nach der feierlichen Wiedereröffnung im April 2013 noch weiter gestiegen sein.

Die Anfänge der Sammlung reichen zurück bis in die Regierungszeit des französischen *Königs Louis Napoleon*. Was für Paris der Louvre, das sollte für Amsterdam das **Grand Musée Royal** werden. 1809 wurde das Museum in den Räumen des Königlichen Palastes am Dam eingerichtet, den Grundstock bildeten Werke aus dem 1798 gegründeten Den Haager Nationalmuseum sowie Schenkungen der Stadt Amsterdam. Nach dem Ende der französischen Besatzung zog die inzwischen in *Rijksmuseum* umbenannte Galerie 1817 in das Trippenhuis [s. S. 47], das der stetig wachsenden Kollektion jedoch

Das Rijksmuseum bewahrt über 5000 Gemälde niederländischer und europäischer Meister

schon bald nicht mehr genügend Raum bot. Schließlich beauftragte König Wilhelm III. den katholischen Kirchenbaumeister *Petrus J. H. Cuypers* (1827–1921) mit dem Bau eines neuen Museumskomplexes südlich der Altstadt. Nur acht Jahre später, 1885, wurde er eingeweiht.

Für das repräsentative Gebäude aus rötlichem Backstein wählte der Architekt den Stil der Neugotik und bereicherte diesen durch Renaissanceelemente. Die **Hauptfassade** an der *Stadhouderskade* öffnet sich Richtung Altstadt und wird durch Eckrisalite und einen erhöhten Mitteltrakt akzentuiert. Die hohen Maßwerkfenster, die beiden Türme und der oberhalb des viertorigen Haupteingangs bis über das Dach gezogene Dreiecksgiebel wecken Erinnerungen an Kirchenarchitektur. Und so war der nach Ansicht seiner Gegner wahrhaft ›katholische‹ Bau bei seiner Fertigstellung nicht nur bei König Wilhelm III. heftig umstritten. Der Eingangsbereich des Komplexes ist reich mit Figurenschmuck verziert. Das große Relief über den Torbögen, geschaffen von *François Vermeylen*, glorifiziert die niederländische Kunst. In der Mitte thront die Maagd van Holland, links daneben

Minerva, die Göttin der Weisheit, rechts Justitia. Die nackten Frauen zu ihren Füßen verkörpern ›Schönheit‹ und ›Wahrheit‹. Ein gutes Dutzend Künstler, darunter Lucas van Leyden, Jan Steen und natürlich Rembrandt, ist ihnen zur Seite gestellt. Die beiden kleineren Reliefs links und rechts stellen Zeichenkunst, Malerei, Architektur und Bildhauerei als die vier großen Kunstgattungen dar. Beiderseits des großen, zentralen Fensters verkörpern zwei weibliche Figuren ›Kunst‹ und ›Geschichte‹. In den Reliefs über den kleinen Fenstern werden zwei wichtige Museumsdaten festgehalten: der 12. Juli 1876, Architekt Cuypers übergibt die Baupläne an die Maagd van Holland, und der 13. Juli 1885, die Maagd van Holland erhält die Schlüssel des fertigen Museums.

Das neue Rijksmuseum

In den Jahren 2003–13 erfolgte eine grundlegende Sanierung des Gebäudes, das Ende des 20. Jh. den Erwartungen des Publikums an ein zeitgemäßes Museum nicht mehr entsprach. Zahlreiche Um- und Ergänzungsbauten für Neuanschaffungen und die Verwaltung hatte das Innere des um zwei Höfe gruppierten

Die Nachtwache

Absperrkordel und Bannstreifen sowie ein aufmerksamer Wächter halten die Menschentrauben auf Distanz. Schließlich ist **Rembrandts** ›Nachtwache‹ eines der wertvollsten Kunstwerke der Welt und hat im Laufe der Jahrhunderte schon einiges erlitten. Die ersten Kratzer stammen von den Lanzenspitzen unachtsamer Schützen der Kloveniers-Gilde, die die Arbeit 1640 in Auftrag gegeben hatte und in deren Zunfthaus sie 75 Jahre lang hing. 1715 sollte das Gemälde im Rathaus am Dam aufgehängt werden. Doch leider war der für das Schützenstück vorgesehene Platz – eingezwängt zwischen zwei Türen – zu klein. So wurde das Werk auf beiden Seiten gestutzt, rechts um 30 cm, links gar um einen ganzen Meter – hier fielen zwei Personen dem Beschnitt zum Opfer. 1885 zog die Nachtwache in den Ehrensaal des neu erbauten Rijksmuseum. Die Jahre des Zweiten Weltkriegs hat das Gemälde – aus dem Rahmen geholt und zusammengerollt – gut überstanden, zunächst in den Dünen bei Heemskerk, dann in den bombensicheren Mergelgrotten von Maastricht versteckt. 1975 jedoch fügte ein geistesgestörter Lehrer dem Meisterwerk Rembrandts mit einem Messer schwere Schäden zu. Ein Museumswärter griff beherzt ein und konnte Schlimmeres verhindern. Ein anderer Attentäter schüttete 1989 Säure auf das Gemälde, sodass es anschließend sorgfältig restauriert werden musste. Bei dieser Gelegenheit befreite man die Bildoberfläche auch vom alten Firnis, der das Werk im Laufe der Jahrhunderte stark nachdunkeln ließ und

ihm im 19. Jh. den heute geläufigen Namen ›Nachtwache‹ eingebracht hat. Tatsächlich findet das Zusammentreffen der Schützen aber tagsüber statt, das Gemälde hieß ursprünglich ›Der Schützenaufmarsch der Kompanie des Hauptmanns Frans Banning Cocq und seines Leutnants Willem van Ruytenburch‹. Seit der Wiedereröffnung des Rijksmuseum im April 2013 ist die Nachtwache nach zehn Jahren im Philips-Flügel nun wieder an ihrem angestammten Platz im Ehrensaal zu betrachten.

Ende 1640 hatte Rembrandt den Auftrag für ein Gruppenporträt der **Amsterdamer Kloveniers-Gilde**, also der Vereinigung der Büchsenschützen, erhalten und bis Anfang 1642 ein monumentales, nach dem Beschnitt immerhin noch 4,37 x 3,63 m großes Gemälde geschaffen. Eine Gruppe von rund 20 Schützen ist in genau jenem Augenblick dargestellt, in dem **Hauptmann Cocq** den Marschbefehl erteilt. Die Beteiligten, allesamt in überaus prächtigen Kostümen dargestellt, agieren auf mehreren Bildebenen. Cocq und sein Leutnant Van Ruytenburch scheinen im Vordergrund auf den Betrachter zuzuschreiten. Die Schützen im Mittelgrund sind ebenfalls alle in Bewegung, reinigen ihre Gewehre oder stellen sich für den Abmarsch auf. Weitere Schützen stehen im Hintergrund, sie werden jedoch nur angedeutet. Mit der Darstellung eines (wenn auch fiktiven) Ereignisses – 1640, nur wenige Jahre vor dem Westfälischen Frieden, der den Niederlanden die Unabhängigkeit bringen sollte, bestand eigentlich keine Veranlassung für die Klo-

Komplexes im Laufe der Jahre stark verändert. Um die Besucherströme zukünftig besser bewältigen zu können, errichtete das spanische Architektenbüro Cruz y Ortiz neben einem großzügigen lichtdurchfluteten Eingangsbereich ein neues Untergeschoss, das viel Platz für den gesamten Servicebereich mit Café, Restaurant und Museumsshop bietet.

Auch mehrere Neubauten entstanden, u.a. der durch einen Tunnel mit dem Hauptgebäude verbundene Asiatische Pavillon, der ausreichend Raum für die Sammlung asiatischer Kunst bietet. Das Kupferstichkabinett bekam ebenfalls ein

eigenes Gebäude, in dem auch die Bibliothek und das Studienzentrum des Rijksmuseum Platz gefunden haben.

Nach der Wiedereröffnung zeigt sich das Rijksmuseum auf dem neuesten Stand der Technik, die Kunstwerke werden ansprechend und modern präsentiert. Ziel der Architekten war es aber auch, den Sälen ihr ursprüngliches Aussehen wiederzugeben. Wand- und Deckendekor aus der Erbauungszeit waren im Laufe der Zeit entfernt oder übermalt worden und wurden nun rekonstruiert.

Das größte Museum der Niederlande verfügt über einen gigantischen Kunst-

Mit der ›Nachtwache‹ schuf Rembrandt das bedeutendste Schützenstück des 17. Jh.

veniers-Gilde zur Verteidigung ihrer Heimatstadt auszurücken – revolutionierte Rembrandt hier die malerische Tradition der **Schützenstücke**. Die meisten älteren Kompositionen bestanden aus mehr oder weniger monotonen Aneinanderreihungen von Einzelporträts in steifen Posen [s. S. 34]. Unüblich war es auch, weitere Figuren in die rein repräsentative Darstellung zu integrieren. Doch Rembrandt betonte das erzählerische Element zusätzlich, z. B. durch die Figur der hell erleuchteten jungen Frau auf der linken Bildseite. Sie wird gelegentlich als Rembrandts Gemahlin Saskia gedeutet, die im Jahr der Fertigstellung der Nachtwache 1642 verstorben war.

Immer wieder ist behauptet worden, einige der Porträtierten wären mit ihrer Darstellung unzufrieden gewesen. Doch gibt es dafür keine Belege. Insgesamt **18 Schützen** beteiligten sich an den Gemäldekosten von 1600 Floris. Es liegt auf der Hand, dass diejenigen Schützen, die am meisten zur Finanzierung beigetragen hatten, prominent im Vordergrund dargestellt wurden, die mit kleineren Beträgen fanden sich entsprechend im Mittelgrund wieder.

schatz: 5000 Gemälde niederländischer und europäischer Meister, nahezu 800 000 Drucke und Zeichnungen, 45 000 Skulpturen und kunsthandwerkliche Gegenstände, u.a. Silber, Porzellan, Möbel, sowie 17 000 Exponate aus dem Bereich Geschichte. Nach der Wiedereröffnung sind die Kunstwerke in den restaurierten Sälen in komplett neuer Hängung zu bewundern. Bis auf das absolute Highlight der Sammlung, Rembrandts Nachtwache, die auf ihren alten Platz im Ehrensaal zurückkehrte. In den 80 Galerien werden Kunst und Kunsthandwerk der Niederlande und ihrer europäischen Nachbarn in chronologischer Reihenfolge vom Mittelalter bis zur Gegenwart präsentiert.

Das Goldene Zeitalter

Der Rundgang durch das Rijksmuseum gleicht einem Spaziergang durch die niederländische Geschichte vom Mittelalter bis heute. Besonders großen Raum, nämlich 30 Säle, nimmt das Goldene Zeitalter ein. Hier erhält der Besucher einen Überblick über Geschichte, Kunst und Kunsthandwerk im 17. Jh. Die Republik und der Aufstieg der Niederlande zur Weltmacht, der erst nach langem Ringen

Der Alltag als Kunstwerk – Jan Vermeers
›Küchenmagd‹ im Rijksmuseum

he ›Blumenpyramide‹, die aus mehreren übereinander stehenden, nach oben hin kleiner werdenden Vasen besteht.

Für das Kunstschaffen in den nördlichen Provinzen bedeutete die Epoche der Reformation und der Unabhängigkeit von den weiterhin unter spanischer Herrschaft stehenden südlichen Provinzen einen tief greifenden Wandel. Im Bereich der Künste werden nun kirchliche und fürstliche Auftraggeber vom aufstrebenden Bürgertum abgelöst. Die Porträtmalerei, hier besonders das Gruppenporträt, und auch die Genremalerei erfreuten sich in der Folge größter Beliebtheit, während christliche Sujets fast nur noch im privaten Andachtsbild zur Darstellung kamen.

Der berühmteste niederländische Maler dieser Zeit, *Rembrandt Harmensz. van Rijn* (1606–69), ist mit einigen seiner bedeutendsten Werke vertreten. Die monumentale ›Nachtwache‹ (1642) im Ehrensaal, eine bewegte, figurenreiche Darstellung der Amsterdamer Büchsenschützengilde, ist das stets von Besucherscharen umringte Herzstück der Sammlung. Aus der Spätzeit Rembrandts stammen das ›Selbstbildnis als Apostel Paulus‹ (1661), ein großartiges Porträt des gealterten Meisters, die ›Judenbraut‹ (um 1665), ein Doppelporträt, das vermutlich den jüdischen Dichter *Don Miguel de Barrios* und seine Gattin darstellt, und die ›Staalmeesters‹ (1662), das letzte von Rembrandts Gruppenporträts, das die Vorsteher der Tuchfärberzunft zeigt.

Die Spitzenwerke Rembrandts werden von sehenswerten Arbeiten seiner Schüler wie Govert Flinck, Ferdinand Bol und Nicolaes Maes ergänzt.

Ein weiterer bedeutender Meister dieser Epoche ist der Porträtmaler *Frans Hals* (um 1581/85–1666), der ebenfalls mit großartigen Arbeiten im Rijksmuseum vertreten ist. Sein Schützenstück ›Die Kompanie des Hauptmanns Reynier Reael und seines Leutnants Cornelis M. Blaeuw‹ (1637) löst durch die diagonale Anordnung der Figuren die starren Kompositionsschemata älterer Gruppenporträts auf. Lebensfreude pur strahlt etwa sein ein Weinglas in der Hand haltender ›Fröhlicher Trinker‹ (1628/30) aus, ein genrehaftes Halbfigurenbild. Anrührend ist das ›Porträt eines jungen Paares‹ (1622), Inbegriff von Liebe und Partnerschaft.

Die Arbeiten *Jan Vermeer van Delfts* (1632–75), überwiegend stille bürgerliche Interieurs, beeindrucken durch ihren

mit Portugiesen und Spaniern gelang, werden anhand von Kunstwerken thematisiert. So geben sich Händler der VOC, der Kapitän der Batavia und ein Statthalter in der holländischen Kolonie an der Küste von Guinea auf Gemälden ein Stelldichein.

Sehenswert sind auch die liebevoll und detailgetreu ausgestatteten holländischen Puppenhäuser aus dem 17. Jh., die keineswegs Kindern, sondern meist Frauen der besseren Gesellschaft gehörten. Die reiche Amsterdamer Dame Petronella Oortmann etwa, deren Puppenhaus zu sehen ist, ließ sich Miniaturporzellan in China anfertigen und gab für das Häuschen insgesamt zwischen 20 000 und 30 000 Gulden aus. Das entsprach im 17. Jh. dem Preis eines echten Grachtenhauses in Amsterdam.

Der enorme **Reichtum** der Niederlande zur damaligen Zeit wird beim Anblick der Schatzkammer deutlich. Besonders aus Silber schufen die Künstler unvergleichliche Teller, Kelche und Statuetten wie den ›Mercurius‹ von Hendrick de Keyser. Auch die exquisite Sammlung von Delfter Fayencen sucht ihresgleichen. Teller, Krüge, Kacheln waren vielfach mit Porträts, Genreszenen oder Landschaften bemalt, das Design orientierte sich seit Beginn des 17. Jh. aber auch an chinesischem Porzellan und war teilweise kaum noch von diesem zu unterscheiden. Eines der Prachtstücke der Sammlung ist die mehr als ein Meter ho-

brillanten, detailfreudigen Realismus, so die Darstellung der ›Briefleserin‹ (1662/63) mit exakt wiedergegebener Landkarte im Hintergrund und der ›Küchenmagd‹ (um 1658) mit den auf dem Tisch abgestellten Körben und Krügen. Vermeers Œuvre umfasst übrigens nur etwa 30 Bilder, ganz im Gegensatz zu Jan Steen (1626–79), der etwa 800 Gemälde hinterlassen hat. Er thematisiert größtenteils das gesellige Leben mit Liebes- und Trinkszenen oder Volksfesten. Schöne Beispiele für seine Malerei sind Arbeiten wie ›Die fröhliche Familie‹ (um 1670) oder ›Die kranke Frau‹ (1665). Diese Komposition zeigt eine sitzende Frau, deren Kopf auf einem Kissen ruht und der ein Mann den Puls fühlt. Aber ist sie wirklich krank? Wohl nicht, denn ihre Wangen und Lippen sind gerötet. Das Uringlas gibt den Hinweis, der Mann prüft wohl, ob die Dame schwanger ist.

52 Coster Diamonds

Vom Rohdiamanten zum funkelnden Schmuckstück.

Paulus Potterstraat 2–6
Tel. 020/305 55 55
www.costerdiamonds.com
tgl. 9–17 Uhr
Diamant Museum, Paulus Potterstraat 8, Tel. 020/305 53 00, www.diamant museumamsterdam.nl, tgl. 9–17 Uhr
Straßenbahn: 2, 3, 5, 12

Seit Ende des 16. Jh., als Diamantschleifer und -händler, unter ihnen zahlreiche Juden, aus dem spanisch besetzten Antwerpen nach Amsterdam flüchteten, ist die niederländische Hauptstadt ein Zentrum der **Diamantverarbeitung**. Mit der Entdeckung großer Vorkommen in Brasilien 1730 und Südafrika 1867 erlebte die Industrie jeweils einen gewaltigen Auf-

Cullinan – der größte Diamant der Welt

Schwer bewaffnete Sicherheitskräfte begleiteten 1907 eine von der Regierung des Burenstaates Transvaal an den englischen König Edward II. verschickte Kiste. Sie war leer, die Aktion ein Ablenkungsmanöver vom eigentlichen Transport des damals größten Diamanten der Welt, des 3106-karätigen **Cullinan.** Unbemerkt traf dieser zeitgleich im Londoner Königshaus ein, als Geschenk für den Monarchen zu dessen 66. Geburtstag. Edward II. beauftragte die Gebrüder Asscher, Inhaber einer der renommiertesten Amsterdamer **Diamantschleifereien**, mit dem Schliff des Rohdiamanten. Mit einem Schiff der Königlichen Marine wurde die versiegelte Kiste transportiert, und auch diesmal war sie leer. Der wertvolle Edelstein steckte diesmal in der Manteltasche von **Abraham Asscher**, der mit Bahn und Fähre nach Amsterdam reiste.

Zunächst musste der Diamant gespalten werden, um verunreinigende Einschlüsse zu beseitigen. Die Brüder studierten den Stein lange, bevor **Joseph Asscher** es am 10. Februar 1908 wagte, die Spaltklinge anzusetzen und zum Schlag auszuholen. Die Klinge brach, und der Cullinan zerfiel erst nach zwei weiteren Hieben in die gewünschten Teile. Das war selbst für den geübten Diamantschleifer zu viel. Er erlitt einen Nervenzusammenbruch, von dem er sich erst nach Monaten erholte. Durch weiteres Spalten entstanden neun Hauptsteine und 96 kleinere Stücke. Der Cullinan I, auch **Great Star of Africa** genannt, hat 530,20 Karat, und ist der größte geschliffene Diamant der Welt. Er schmückt das Zepter des britischen Königshauses, während der 317,40-karätige Cullinan II, auch **Star of Africa**, der zweitgrößte geschliffene Diamant, die Imperial State Crown ziert. Sie war für die Krönung Königin Victorias angefertigt worden und wird heute noch von Elizabeth II., zusammen mit dem Zepter, zu wichtigen Staatsfeierlichkeiten getragen.

Das Handwerk der Diamantschleiferei erfordert einen scharfen Blick

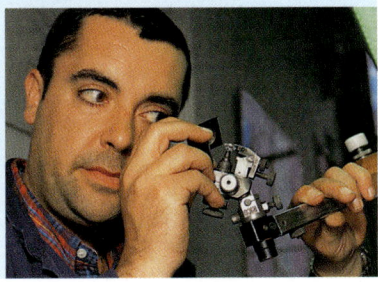

Das Stammhaus von Coster Diamonds, einer traditionsreichen Diamantschleiferei

schwung. Während des Zweiten Weltkriegs, als Tausende Amsterdamer Juden, unter ihnen zahlreiche Diamantschleifer und -händler, in Konzentrationslager deportiert wurden, kam der Niedergang. Heute gibt es an der Amstel nur noch etwa zehn Diamantschleifereien. Eine von ihnen, das renommierte, seit 1840 bestehende Coster Diamonds, ist in vier denkmalgeschützten Häusern zwischen Rijksmuseum und Van Gogh Museum beheimatet. Der berühmteste Diamant, der je hier bearbeitet wurde, ist der legendäre *Koh-i-noor* (›Berg des Lichts‹), den man 1304 in Indien gefunden hatte und der sich seit der Eroberung des Pandschabs 1849 im Besitz der englischen Krone befindet. Queen Victoria ließ den Stein 1851 bei Coster neu schleifen, sein Gewicht wurde dabei von 186 auf 108,93 Karat reduziert. Inzwischen schmückt der Diamant die 1937 für die 2003 verstorbene Königinmutter angefertigte *Queen Elizabeth Crown*. Wer mehr über die aufwendige Bearbeitung der edelsten und kostbarsten aller Steine erfahren möchte, kann an einer kostenlosen Führung, auch in deutscher Sprache, teilnehmen.

In einem ihrer Häuser eröffnete die Familie Coster außerdem das **Diamant Museum**. Es erklärt die Entstehung der Diamanten, ihre Reise nach Amsterdam von den Minen Afrikas oder Australiens aus und den Prozess der Verarbeitung. Natürlich dürfen auch zauberhafte Schmuckstücke nicht fehlen.

53 Van Gogh Museum

TOP TIPP *200 Gemälde und 500 Zeichnungen illustrieren Van Goghs eindrucksvolle künstlerische Entwicklung.*

Paulus Potterstraat 7
Tel. 020/570 52 00
www.vangoghmuseum.nl
Sa–Do 10–18, Fr 10–22 Uhr
Straßenbahn: 3, 12, 16, 24
Bus: 145, 170, 172

Der kubische Museumskomplex aus Granit und Glas birgt über 200 Gemälde sowie 500 Zeichnungen und Aquarelle des niederländischen Malers *Vincent van Gogh* (1853–90). Hinzu kommen der umfangreiche Briefwechsel mit seinem Bruder Theo van Gogh (1857–91) und die japanischen Holzschnitte, die der Künstler gesammelt hatte. Die Bestände des Van Gogh Museum gehen auf eine Stiftung Theos zurück, die lange von dessen Gattin und Sohn betreut wurde. Seit 1930 waren die Werke im Stedelijk Museum untergebracht, doch siedelten sie 1973 in ein eigenes, nach Plänen des 1964 verstorbenen De-Stijl-Architekten *Gerrit Rietveld* geschaffenes Museumsgebäude um. Im Jahr 1999 erhielt die Sammlung einen Erweiterungsbau nach Plänen des japanischen Architekten *Kisho Kurahawa*. Manche Betrachter erinnert der halbrunde Baukörper mit seinem geschwungenen, deckelförmigen Dach an eine eingedrückte Dose. Gleichwohl bietet der neue Flügel auf drei Etagen viel Raum für internationale Wechselausstellungen. Im Erdgeschoss des Hauptgebäudes werden kleine Sonderausstellungen gezeigt, die einzelne Aspekte im Werk Vincent van Goghs beleuchten.

Seine Gemälde selbst sind im 1. Obergeschoss ausgestellt. Hinzu kommen Arbeiten einiger Zeitgenossen, die den Autodidakten Van Gogh, der nur kurzzeitig in Antwerpen Kunst studiert hatte, stark beeinflussten, darunter Henri de Toulouse-Lautrec, Emile Bernard, Adolphe Monticelli, Camille Pissaro, Claude Monet und Paul Gauguin. Nach mehrmonatiger Museumsschließung sind die Werke Van Goghs seit Mai 2013 wieder im nun frisch restaurierten Museumskomplex zu besichtigen.

Die Werkschau vermittelt einen guten Eindruck von der künstlerischen Entwicklung Van Goghs, die nur eine erstaunlich kurze Zeitspanne zwischen 1880 und 1890 umfasst. Die *erste Phase* seines Schaffens dauerte bis 1887, im Mittelpunkt seiner Gemälde stand damals das Leben der bäuerlichen Bevölkerung. Es entstanden Gemälde, die an altniederländische Traditionen anknüpfen und in dunklen, erdigen Farbtönen gehalten sind. Ein Meisterwerk dieser Periode sind die 1885 geschaffenen ›Kartoffelesser‹. Ein Jahr später siedelte der Maler nach **Paris** über, wo auch sein Bruder Theo wohnte, der ihn zeitlebens finanziell unterstützte. Durch die Auseinandersetzung mit den französischen *Impressionisten* hellte sich die Farbpalette Van Goghs zunehmend

Van Gogh Museum – rund um den Farbvirtuosen gibt es auch Wechselausstellungen

auf. Er arbeitete viel im Freien, es entstanden Landschaften und Stadtansichten von Paris. Arbeiten dieser Zeit sind der ›Boulevard von Clichy‹ (1887) und die ›Windmühlen am Montmartre‹ (1887). Daneben schuf er eine Reihe von Selbstporträts, darunter im Jahr 1888 das ›Selbstbildnis als Künstler‹.

Van Gogh Museum auf grüner Wiese – der halbrunde Anbau und das kubische Hauptgebäude

Das Architektenteam Benthem Crouwel plante die coole Karosserie des Stedelijk Museum

Im Frühjahr 1888 zog es den Maler in den Süden, er ließ sich in dem kleinen Städtchen **Arles** in der Provence nieder. Der Umzug läutete seine produktivste Schaffensphase ein, und in der Folge entstanden auch seine berühmtesten Gemälde, sonnendurchflutete Landschaften, leuchtende Interieurs und faszinierende Stillleben. Er benutzte kräftige Farben und trug diese mit breitem Pinselstrich auf die Leinwand auf. Schlüsselwerke dieser Zeit sind ›Das gelbe Haus‹ (1888), in dem er das Jahr in Arles verbrachte, und ›Die Brücke von Langlois‹ (1888). Mit Paul Gauguin, den er in Paris kennengelernt hatte und der ihn in Arles besuchte, wollte er eine Künstlerkolonie gründen, doch kam es schon nach zwei Monaten zum Streit zwischen den beiden Malern. In einem Anfall geistiger Verwirrung schnitt sich Van Gogh im Dezember 1888 sein linkes Ohr ab. Da sich sein gesundheitlicher Zustand von da ab zunehmend verschlechterte, begab er sich im Mai 1889 in die Nervenheilanstalt von **St. Rémy**. Trotz der Krankheit blieb seine Schaffenskraft ungebrochen, in den Monaten seines Sanatoriumaufenthaltes schuf er über 100 Gemälde. Ein Werk dieser Phase ist ›Weizenfeld mit Mäher‹. Im Mai 1890 zog er schließlich in die kleine, nordwestlich von Paris gelegene Ortschaft **Auvers-sur-Oise**, wo er von Dr. Paul Gachet betreut wurde. Nur wenige Monate später, am 27. Juli 1890, schoss er sich mit einem Revolver in die Brust und starb zwei Tage später in den Armen seines herbeigeeilten Bruders. Auch aus den letzten Wochen vor seinem Tod besitzt das Van Gogh Museum so eindrucksvolle Gemälde wie ›Ansicht von Auvers‹ (1890) und vor allem ›Weizenfeld mit Krähen‹ (1890), in dessen aufgewühlten Strukturen die Todesahnung zu spüren ist.

▶ **Audio-Feature**
Van Gogh Museum
QR-Code scannen [s. S. 5]
oder dem Link folgen:
www.adac.de/rf0814

Doppelbildnis Max und Quappi Beckmann

54 Stedelijk Museum

Das Museum mit seinem dynamischen Erweiterungsbau präsentiert Spitzenwerke der Moderne und Gegenwart von Kunst bis Design.

Museumplein 10
Tel. 020/573 29 11
www.stedelijk.nl
Fr–Mi 10–18, Do 10–22 Uhr
Straßenbahn: 2, 3, 5, 12
Bus: 160, 172

Der dritte große Kunsttempel am Museumplein, das 1874 gegründete Stedelijk Museum, bietet eine Kollektion zu Kunst und Design der Moderne und der Gegenwart. Stadtbaumeister *A. W. Weissman* schuf 1892–95 einen verspielten Neorenaissancebau mit Giebeln, Turmaufsätzen und Skulpturenschmuck. Den Grundstock des Museums bildete die Sammlung des Kunsthändlers *Pieter Lopes Suasso*. Da das Gebäude schon bald zu klein wurde, bekam es 1954 einen schlichten Glasanbau. 2004–12 erfolgte die zweite Restaurierung unter Leitung der Architekten *Benthem Crouwel*, die auch den Erweiterungsbau gestalteten, ein kühnes Konstrukt, dessen schnittiger Rumpf und weit auskragendes Flachdach zu dem Spitznamen ›Badewanne‹ Anlass gab.

Die Sammlung besitzt 90 000 Objekte aus den Bereichen Malerei, Bildhauerei, Fotografie, Installationen, Video und Design. Kernstück ist die vorzügliche Kollektion mit französischer Malerei von Meistern wie Monet, Renoir und Cézanne (›La Montagne Sainte-Victoire‹, um 1888). Die klassische Moderne ist vertreten durch Ernst Ludwig Kirchner (›Nacktes Mädchen hinter einem Vorhang‹, 1910), Wassily Kandinsky (›Improvisation‹, 1913), Franz Marc (›Blaue Fohlen‹, 1912), Marc Chagall (›Selbstporträt mit sieben Fingern‹, 1912/13) und Max Beckmann, dessen ›Doppelbildnis mit Quappi‹ 1941 im Amsterdamer Exil entstanden war. Willem de Kooning, der in Rotterdam aufwuchs und in den USA berühmt wurde, ist mit

›Woman Singing‹, ein Werk des in Rotterdam geborenen Willem de Kooning von 1966

furiosen Kompositionen wie ›Woman Singing‹ (1966) vertreten. Hinzu kommt ein Bestand von über 50 Bildern des russischen Malers *Kasimir Malewitsch* (1878–1935), dessen Œuvre Stilphasen vom Kubismus über den Futurismus bis zum Konstruktivismus umfasst.

Ein weiterer Schwerpunkt liegt auf Arbeiten der niederländischen Künstlervereinigung **De Stijl**, die sich 1917 in Leiden zusammenschloss. Ihre Vorreiter waren die Maler *Theo van Doesburg* (1883–1931) und *Piet Mondrian* (1872–1944). In ihren abstrakten Gemälden variierten sie mit den drei Primärfarben Rot, Gelb und Blau sowie Schwarz und Weiß die geometrischen Formen Quadrat und Rechteck sowie gerade Linien, die sich über die Grenzen der Leinwand hinweg ins Endlose fortzusetzen scheinen. Mondrian ist mit ›Komposition mit Rot, Gelb und Blau‹ (1920) vertreten, Van Doesburg mit ›Contre-Composition V‹ (1924). Auch in anderen Kunstgattungen versuchte De Stijl sein Programm umzusetzen. So präsentiert das Museum den bekannten ›Rot-Blauen Stuhl‹ (1918–23) des Architekten *Gerrit Rietveld* (1888–1964).

Alles andere als abstrakt sind die Werke der Künstlergruppe **CoBrA**, die 1948 zusammenfand und sich nach den Anfangsbuchstaben der Hauptstädte ihrer Herkunftsländer benannte: Copenha-

gen, Bruxelles, Amsterdam. Ihre wichtigsten Vertreter, der Däne *Asger Jorn*, der Belgier *Willem Corneille* (›Die große Erde‹, 1958) und der Niederländer *Karel Appel* (›Menschen und Tiere‹, 1949; ›Paar‹, 1951) knüpften an den Expressionismus an und ließen sich in Ausdrucksformen und Farbgestaltung von der Malerei psychisch Kranker, von Kinderbildern und von der Kunst indianischer und afrikanischer Kulturen inspirieren.

Traurige Berühmtheit erlangte *Barnett Newmans* (1905–70) abstraktes Gemälde ›Who's afraid of Red, Yellow & Blue III‹ (1967/68), einer großen roten Fläche mit einem schmalen blauen Streifen am linken Bildrand und einem noch schmaleren gelben Streifen rechts. 1986 zerfetzte ein Besucher das Werk mit einem Messer. Der New Yorker Daniel Goldreyer, arbeitete angeblich daran, das Kunstwerk Pigment für Pigment in seinen Originalzustand zu versetzen. Experten wiesen jedoch per Infrarot- und Röntgenanalyse nach, dass Goldreyer das Werk schlicht mit einem Farbroller bearbeitet hatte.

55 Concertgebouw

Ein erstklassiges Orchester und eine hervorragende Akustik machen jedes Konzert zum besonderen Hörerlebnis.

Concertgebouwplein 10
Kartenreservierung: Tel. 0900/ 671 83 45 (gebührenpflichtig)
www.concertgebouw.nl
Straßenbahn: 3, 5, 12, 16

Spöttisch nennen die Amsterdamer das nicht gerade riesige Concertgebouw am südwestlichen Ende des Museumplein ›Schuhschachtel‹, sind aber zugleich stolz auf die weithin geschätzte Akustik des Konzertsaals, in dem die Darbietungen des renommierten Orchesters *Koninklijk Concertgebouworkest* das Herz eines jeden Musikfreundes höher schlagen lassen. 1888, nach sechsjähriger Bauzeit, wurde das vom Architekten *Adolf Leonhard van Gendt* im Stil des Neoklassizismus geschaffene Musikgebäude feierlich eröffnet. Die prächtige Fassade prägen leicht vorspringende Eckrisalite und ein sechssäuliger, von einem Dreiecksgiebel gekrönter Mittelrisalit. Im berühmten *Grote Zaal*, der 2250 Zuhörern Platz bietet, gaben und geben sich hochkarätige Dirigenten, Orchester und Solisten die Ehre: Richard Strauss, Gustav Mahler, Igor Strawinsky, Maurice Ravel, Claude Debussy, Béla Bartók und viele andere mehr. Man war und ist sich aber auch nicht zu fein, zusätzlich berühmte Klangmeister anderer Sparten hier musizieren zu lassen, darunter Louis Armstrong und Duke Ellington, Ella Fitzgerald, Lou Reed, Pink Floyd und The Who. Daneben gibt es den *Kleine Zaal* für 600 Zuschauer. Wer sich von der brillanten Akustik der Säle überzeugen möchte, kann auch gratis ein Mittagskonzert besuchen (jeden Mi 12.30 Uhr).

56 Vondelpark

Erholung im größten und schönsten Amsterdamer Stadtpark.

Südwestlich des Rijksmuseum
Straßenbahn: 1, 2, 3, 12

Spaziergänger, Jogger, Radfahrer, Sonnenanbeter, im Vondelpark trifft man sie alle. Die mit 48 ha größte Grünanlage der Innenstadt bietet jede Menge Abwechslung. Auf der Freilichtbühne werden im Sommer Klassik-, Jazz- und Rockkonzerte veranstaltet. Und auf den Terrassen des *Blauwe Theehuis* (Tel. 020/662 02 54) aus den 1930er-Jahren oder im *Café Groot Melkhuis* (Tel. 020/612 96 74), bei dem es auch einen Spielplatz gibt, kann man Erfrischungen zu sich nehmen.

Bis Mitte des 19. Jh. war das Gelände südwestlich der Altstadt noch Sumpf, 1865 aber beauftragten wohlhabende Bürger den Architekten *J. D. Zocher* mit der Anlage eines Parks. Das im Stil englischer Landschaftsgärten mit Grünflächen, Teichen und einem reichen Baumbestand komponierte größte Amsterdamer Naherholungsgebiet hieß ursprünglich schlicht Nieuwe Park, wurde dann jedoch, nachdem man dem großen Renaissancedichter *Joost van den Vondel* (1587–1679), dem ›Shakespeare der Niederlande‹, hier ein Denkmal errichtet hatte, in Vondelpark umbenannt. Der Park lockte ursprünglich hauptsächlich Anwohner aus den umliegenden wohlhabenden Vierteln ins Grüne, später kamen auch Arbeiterfamilien zum Sonntagsspaziergang hierher. In den 1960er-Jahren schließlich hatte sich ein buntes Hippie-Völkchen auf den Rasenflächen niedergelassen. Heute sind es Gäste aus aller Welt von der nahen Jugendherberge, die bei einem Picknick die ungezwungene

Grandioses Klangerlebnis – der Grote Zaal des Concertgebouw ist berühmt für seine Akustik

Atmosphäre des Vondelpark mitten in Amsterdam genießen.

Der Vondelpark ist Amsterdams beliebtestes Naherholungsgebiet

 ▶ **Audio-Feature Vondelpark**
QR-Code scannen [s.S.5] oder dem Link folgen: www.adac.de/rf0815

57 Heineken Experience

Geschichte und Geschichten der zweitgrößten Brauerei der Welt.

Stadhouderskade 78
Tel. 020/523 92 22
www.heinekenexperience.com
Mo–Do 11–19.30 Uhr, letzter Einlass 17.30 Uhr, Fr–So 11–20.30 Uhr, letzter Einlass 18.30 Uhr, unter 18 Jahren nur mit Erwachsenen
Straßenbahn: 7, 10, 16, 24, 25

Als die Heineken-Brauerei in den 1930er-Jahren begann, Bier in die USA zu exportieren, musste sie den roten Stern auf ihrem Emblem durch einen weißen ersetzen, da mancher Amerikaner es sonst für ›kommunistischen‹ Gerstensaft gehalten und dessen Konsum abgelehnt hätte. Doch nach Überwindung dieser Anfangsschwierigkeiten eroberte Heineken auch Amerika im Sturm.

Nach der Verlagerung der Produktion an billigere Standorte richtete der Konzern im alten Stammgebäude an der Stadhouderskade die *Heineken Experience* ein. Der Rundgang führt zurück ins Jahr 1864, als der nur 22 Jahre alte Gerard Adriaan Heineken die bereits seit 1592 bestehende *De Hooiberg Brouwery* kaufte. Man begegnet dem Bayern Wilhelm Feltmann, der dem Niederländer beibrachte, wie man wirklich gutes Bier nach Pilsener Brauart produziert, und kann die riesigen Kessel bestaunen, in denen bis in die 1980er-Jahre der Gerstensaft reifte.

58 Albert Cuyp Markt

TOP TIPP *Größter und buntester Straßenmarkt Amsterdams.*

Albert Cuypstraat, von
Ferdinand Bolstraat bis
Van Woustraat
www.albertcuypmarkt.nl
Mo–Sa 9–17 Uhr
Straßenbahn: 4, 16, 24, 25

Im Viertel **De Pijp**, das auch als Quartier Latin Amsterdams apostrophiert wird, liegt der seit 1905 bestehende Albert Cuyp Markt, der größte Straßenmarkt Hollands. Hier gibt es Krimskrams und Klamotten, exotische Früchte und Blumen, Fisch und Fleisch, Schmuck und Schuhe und vieles mehr. Will man allerdings mehr als Gemüse oder Gewürze kaufen, ist kritische Begutachtung angebracht, denn besonders die dargebotene Kleidung ist vielfach von minderer Qualität, und so manche der vorgeblichen Markenartikel sind gefälscht. Gleichwohl ist der Markt bei den Amsterdamern sehr beliebt. Besonders am Samstagmorgen schieben sich die Massen, das typische multikulturelle Amsterdamer Publikum, gemächlich an den knapp 400 Ständen vorbei. International sind auch die Restaurants rund um den Markt, in denen man türkische und chinesische, aber auch indische und surinamische Speisen genießen kann. Und für das kulturelle Rahmenprogramm sorgen jede Menge Straßenkünstler und sogar ein Drehorgelmann, dessen Kompagnon mit seiner Büchse, dem *Centenbakje*, milde Geldgaben sammelt.

▶ **Audio-Feature**
Albert Cuyp Markt
QR–Code scannen [s.S.5]
oder dem Link folgen:
www.adac.de/rf0803

Der Albert Cuyp Markt gilt als der größte Straßenmarkt Hollands

Plantage – Tierisches, Botanisches und Ethnologisches aus aller Welt

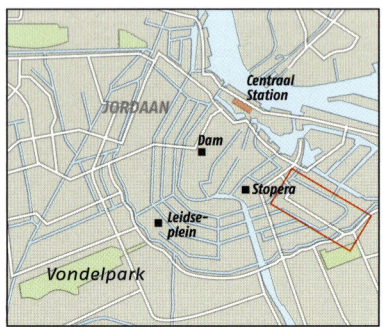

Der Name des südöstlich der Altstadt gelegenen Viertels Plantage lässt vermuten, dass es hier einmal sehr grün war. Und tatsächlich bestand das Ende des 17. Jh. als **Naherholungsgebiet** der gut betuchten Amsterdamer Oberschicht angelegte Areal damals zum Großteil aus Wäldern und Parkanlagen. Hier gab es einst so angenehme Zerstreuungen wie Lustgärten mit schmucken Teehäusern, kleine Varieté-Theater und was man als Angehöriger der besseren Gesellschaft dieser Zeit sonst noch zur stilvollen Freizeitgestaltung im Grünen benötigte. Als die Einwohnerzahl Amsterdams im 19. Jh. stark anstieg, musste ein Großteil der Grünflächen jedoch dem Wohnungsbau weichen. Es entstand ein nobles Viertel mit breiten Straßen und imposanten Stadtpalästen, das sich rasch zu einem bevorzugten Wohngebiet der Oberschicht entwickelte und es bis heute auch geblieben ist. Doch noch immer bietet die Plantage eine Anzahl grüner Oasen, allen voran der **Hortus Botanicus**, in dem eine große Vielfalt an tropischen und subtropischen Pflanzen aus den ehemaligen Kolonien gedeiht, und der **Zoo Artis**, der älteste Zoologische Garten Europas mit mehr als 1870 Tieren aus aller Welt. Die Plantage mit ihren Grünflächen und Museen – hier sind besonders das **Verzetsmuseum**, das sich mit dem niederländischen Widerstand während der deutschen Besatzung 1940–45 befasst, und das **Tropenmuseum**, das größte ethnologische Museum des Landes, zu nennen – bildet ein hübsches und interessantes Kontrastprogramm zum städtischen Amsterdam.

59 Hortus Botanicus

Amsterdams Botanischer Garten präsentiert neben einheimischen Gewächsen zahlreiche Pflanzen aus den ehemaligen Kolonien.

Plantage Middenlaan 2 a
Tel. 020/625 90 21
www.dehortus.nl
tgl. 10–17 Uhr
Straßenbahn: 7, 9, 14

Eigentlich hatte man 1638 nur einen medizinischen Kräutergarten mit frischen Heilkräutern für die Ärzte und Apotheker der Stadt anlegen wollen. Doch dann brachten die Kaufleute der ost- und westindischen Handelsgesellschaften so viele interessante Gewächse von ihren Expeditionen mit, dass man den Garten schon bald erweitern musste. Aus Platzgründen wurde der rasch angewachsene Hortus Botanicus, der damals in der Nähe des heutigen Rembrandtplein lag, 1682 an seinen jetzigen Standort an der Nieuwe Herengracht östlich der Altstadt verlegt. Er verfügt inzwischen über eine Sammlung von rund 4000 Pflanzenarten, von denen ein Großteil aus Afrika, Asien und Amerika stammt. Und einige von ihnen verließen den Garten auch wieder, um in alle Welt verpflanzt zu werden. Eine Kaffeestaude z. B., welche die Stadt 1714 *König Ludwig XIV.* zum Geschenk gemacht hatte, wurde zur Stammpflanze der Kaffeeplantagen in den französischen Kolonien Südamerikas.

Im 17. und 18. Jh. war der Hortus Botanicus weit über die Landesgrenzen hinaus bekannt. So reiste der berühmte schwedische Botaniker *Carl von Linné* (1707–78), dem die Wissenschaft die systematische Ordnung und Benennung der Organismen mit lateinischen Doppelnamen ver-

Hortus Botanicus – im Wasser dümpeln Enten und hinter den Bäumen steht das Palmenhaus

dankt, nach Amsterdam, um hier die Vielfalt der exotischen Pflanzenwelt zu studieren.

Wer dem Großstadttrubel für ein Weilchen entfliehen möchte, kann in der herrlichen Anlage des Botanischen Gartens zahlreiche Pflanzen tropischer, subtropischer und arider Klimazonen bestaunen. Im tropischen Klima des großen Palmenhauses beispielsweise gedeiht die 400 Jahre alte *Cycas-Palme* ganz prächtig. Und nach dem Rundgang lässt es sich auf der schattigen Terrasse der Orangerie bei einem Kopje Coffee herrlich entspannen.

60 Hollandsche Schouwburg

Theaterruine und Gedenkstätte für die Opfer des Holocaust.

Plantage Middenlaan 24
Tel. 020/531 03 40
www.hollandscheschouwburg.nl
tgl. 11–17 Uhr
Straßenbahn: 7, 9, 10, 14

1892 wurde das Direktorenwohnhaus des nahe gelegenen Zoo Artis in die Hollandsche Schouwburg umgewandelt, das sich unter dem weithin bekannten und geschätzten künstlerischen Direktor und Bühnenautor *Herman Heijermans* zum bedeutendsten Theater Amsterdams entwickelte. Doch während der **Besatzungszeit** im Zweiten Weltkrieg funktionierten die Nationalsozialisten das Gebäude zur Sammelstelle für niederländische Juden um, die von dort aus über das in der niederländischen Provinz Drenthe gelegene Durchgangslager Westerbork in die Konzentrationslager gebracht wurden. Heute wird hier der nationalsozialistischen Verbrechen an den niederländischen Juden gedacht, eine Ausstellung im Nebenhaus dokumentiert die Geschichte des Gebäudes.

Im Theater selbst ließ man nur einige Wände des großen Saals stehen und errichtete in der Mitte des Bühnenplatzes eine 10 m hohe **Granitsäule** auf einem Sockel in Form eines Davidsterns. Eine Gedenktafel erinnert an *Walter Susskind*, der zusammen mit anderen Untergrundkämpfern viele jüdische Kinder vor der Deportation rettete. Immer wieder gelang es ihnen, Kinder, die in einem gegenüberliegenden Kinderhort untergebracht waren, herauszuschmuggeln – in Rucksäcken, Kartons und Kartoffelsäcken. Eines der Kinder war *Ed van Thijn*, der spätere Bürgermeister von Amsterdam.

61 Zoo Artis

Der traditionsreiche Zoo ist Heimat für mehr als 1870 Tiere aus allen Kontinenten.

Plantage Kerklaan 38–40
Tel. 0900/278 47 96 (gebührenpflichtig)
www.artis.nl
Nov.–März tgl. 9–17, April–Okt.
tgl. 9–18 Uhr, Juni–August Sa bis
Sonnenuntergang
Straßenbahn: 6, 9, 14

Großer Beliebtheit erfreut sich Amsterdams Zoo Artis, dessen vollständiger Name **Natura Artis Magistra** – ›Die Natur ist die Lehrmeisterin der Kunst‹ – lautet. Er wurde 1838 auf Initiative des Buchhändlers *G. F. Westerman* von einer gleichnamigen Vereinigung ins Leben gerufen, deren Ziel es war, die »Kenntnisse der Naturgeschichte auf eine angenehme und anschauliche Weise zu fördern …«.

Der Zoo bietet eine große Vielfalt an Tierarten: Rund 900 lebende Spezies, darunter Säugetiere, Amphibien, Reptilien, Vögel, Insekten und etliche Fischarten.

Eindeutig menschliche Züge: Orang-Utan im Zoo Artis mit Fruchteis am Stiel

Und natürlich gibt es auch einen Streichelzoo. Außer dem Tiergarten und Aquarium verfügt Artis über ein modernes **Planetarium** mit einer Projektionskuppel von 640 m^2. Eine permanente Ausstellung rund um den Kuppelsaal widmet sich Sonne, Mond, Sternensystemen und Planeten sowie der Raumfahrt. Außerdem gibt es ein **Geologisches Museum** und ein **Zoologisches Museum**. Und auch die Pflanzenwelt kommt nicht zu kurz. Über den Park verteilt findet man heimische und exotische Blumen, Sträucher und Bäume, und in den drei **Gewächshäusern** in der Nähe des Seelöwenbeckens gedeihen tropische Pflanzen, Sukkulenten und Sumpfpflanzen.

62 Verzetsmuseum

Ausstellung über den niederländischen Widerstand während der deutschen Besatzung 1940–45.

Plantage Kerklaan 61
Tel. 020/620 25 35
www.verzetsmuseum.org
Di–Fr 10–17, Sa–Mo 11–17 Uhr
Straßenbahn: 6, 9, 14

Das schräg gegenüber dem Zooeingang gelegene Gebäude mit dem Davidstern in seinem Giebeldreieck blickt auf eine bewegte Vergangenheit zurück. 1876 war es als Versammlungshaus des jüdischen Gesangsvereins ›Oefening baart kunst‹ errichtet worden, dem vor allem jüdische Diamantschleifer angehörten. Ab 1890 hielt hier die sozialistische Arbeiterbewegung mit ihren Führern *Pieter Jelles Troelstra* und *Henri Polak* ihre Versammlungen ab. Die großen Tore beiderseits des Eingangs erinnern an die folgenden Jahre, als der hintere Teil des Hauses als Garage und Werkstatt eines Taxiunternehmens und später für Polizeifahrzeuge genutzt wurde. Während der deutschen Besatzung schließlich beanspruchten die Nationalsozialisten hier einen Teil für ihren ausgedehnten Fuhrpark.

Mittlerweile ist hier eine sehenswerte Ausstellung untergebracht, die anhand von authentischen Exponaten wie selbst gebauten Radioempfängern, gefälschten Ausweisen und anderen ›Papieren‹ sowie Fotos, Filmen und Tonaufnahmen die Aktivitäten der während der deutschen Besatzung im Untergrund agierenden niederländischen Widerstandsbewegung dokumentiert. Dabei werden die verschiedenen Maßnahmen gegen die Besatzungsmacht beleuchtet wie Streiks, bewaffneter Widerstand, Bereitstellung von Verstecken und Ausarbeitung von Fluchtrouten für die *Onderduikers*, die Untergetauchten, aber auch Spionage und die Produktion von Untergrundzeitungen. In jener Zeit wurde z. B. die auch heute noch publizierte Zeitung *Het Parool* gegründet. Die in einem Versteck verborgene Druckerpresse konnte nur mithilfe eines Fahrrades angetrieben werden.

63 Tropenmuseum

Größtes völkerkundliches Museum der Niederlande mit Schwerpunkt auf den früheren Kolonien in Südostasien.

Linnaeusstraat 2
Tel. 020/568 82 00
www.tropenmuseum.nl
Di–So 10–17 Uhr, an Fei und in Schulferien (NL, außer Sommer) auch Mo
Straßenbahn: 3, 7, 9, 10, 14

Das auf dem Gelände des Oosterpark südlich des Zoos gelegene Völkerkundemuseum wurde Anfang des 19. Jh. gegründet, um das Leben in den niederländischen Kolonien zu dokumentieren, wobei der Schwerpunkt auf den ›Nederlands Indië‹ lag, dem heutigen Indonesien. Mit dessen Unabhängigkeit 1949 benannte sich die *Vereniging Koloniaal Instituut*, die sich der Kolonialgeschichte der Niederlande gewidmet hatte, um in *Koninklijk Instituut voor de Tropen*. Das Institut betreibt heute das Tropenmuseum.

Das Innere des 1923 errichteten Museumsgebäudes wird von einer zentralen Lichthalle mit umlaufenden Galerien auf mehreren Etagen dominiert, von denen die Ausstellungsräume abgehen. In zehn permanenten Themen-Ausstellungen – Südostasien, Lateinamerika und die Kariben, Afrika südlich der Sahara, Westasien und Nordafrika, Niederländisch-Indien, Mensch und Umwelt, Neuguinea, Ostwärts, Rundum Indien und Erzählreise – wird den Besuchern Alltag und Kultur der Menschen in den Tropen und Subtropen nahe gebracht. Die Bandbreite reicht von Riten und Religionen bis hin zu aktuellen Problemen der Dritten Welt wie Übervölkerung, Umweltverschmutzung und Zerstörung der Regenwälder.

Zu den interessantesten Sehenswürdigkeiten zählen die naturgetreuen Nachbauten von Häusern und Straßenzügen. So kann man durch eine arabische Basargasse schlendern, den Hof eines javanesischen Hauses oder ein indisches Dorf studieren. Nicht versäumen sollte man das Museumsrestaurant *Ekeko* mit seinen köstlichen tropischen Getränken, Snacks und authentischen Gerichten aus den Tropen.

 ▶ **Audio-Feature**
Tropenmuseum
QR-Code scannen [s. S. 5]
oder dem Link folgen:
www.adac.de/rf0813

Das Tropenmuseum präsentiert die Kulturschätze Afrikas, Amerikas und Asiens

Das alte Hafenviertel und ein Abstecher nach Süden

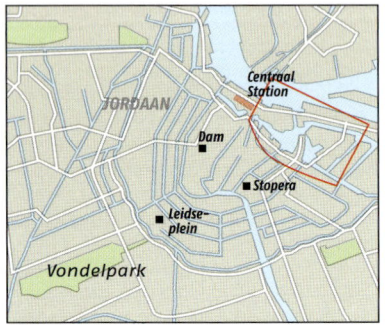

Ein Wald von Schiffsmasten säumte im 17./18. Jh. den Amsterdamer Hafen, der bis zum Bau der Centraal Station zum IJ hin offen war. Von hier aus stachen die niederländischen Handels- und Kriegsschiffe in See, die damals die Weltmeere beherrschten und so für die wirtschaftliche Blüte der Grachtenmetropole sorgten. Mittlerweile ist der Hafen weit vor die Stadt gezogen, doch einige Museen erinnern an die große maritime Vergangenheit. Das **Het Scheepvaartmuseum** etwa gewährt mit der ›Amsterdam‹, dem Nachbau eines Ostindienseglers aus dem 18. Jh., Einblicke in das Arbeitsleben an Bord eines Handelsschiffes jener Zeit. In der Nähe lädt das Technologiezentrum **NEMO**, ein grüner futuristischer Bau in Schiffsform, mit interaktiven Exponaten in die Welt der Wissenschaften ein. Unweit der Centraal Station kann man in der Stadtbibliothek **OBA** eine Lesepause einlegen und von der 7. Etage die Aussicht genießen. Im Süden der Grachtenmetropole locken die futuristische **Amsterdam ArenA** des Fußballvereins AJAX und die größte städtische Grünanlage, der künstlich angelegte **Amsterdamse Bos** nahe dem Vorort Amstelveen – eine willkommene Erholung nach Stadtbesichtigung und Kulturmarathon.

64 OBA – Openbare Bibliotheek Amsterdam

In der Stadtbibliothek gibt es Lesestoff und herrliche Panoramen.

Oosterdokskade 143
Tel. 020/523 09 00
www.oba.nl
tgl. 10–22 Uhr
Metro: 51, 53, 54
Straßenbahn: 1, 2, 4, 5, 9, 13, 16, 17, 24, 25
Bus: 18, 21, 22, 32–36, 39, 43, 59, 92, 94, 100, 104, 106–108, 110–112, 114–117, 142, 170–172, 326

Wer sein Wissen über Amsterdam vertiefen oder Magazine aus aller Welt studieren möchte, der besucht die 2007 eröffnete Stadtbibliothek OBA. Der schick verschachtelte Bau von *Job Coenen* bietet Lese- und Computerplätze in Designerambiente, das Lesecafé Panini und in der 7. Etage La Place, ein Restaurant mit Panoramablick auf die Altstadt.

OBA – die Stadtbibliothek am IJ bietet jede Menge Bücher und Ausblicke auf Amsterdam

65 Schreierstoren

*Vom ›Turm der Tränen‹ brach im
Jahr 1595 die erste Expedition nach
Ostindien auf.*

Prins Hendrikkade 94/95
Straßenbahn: 1, 2, 4, 5, 9, 13, 16, 17,
24, 25

An der *Prins Hendrikkade* steht seit 1485
der bullige Turm Schreierstoren. Er war
Teil der ersten Stadtmauer Amsterdams
und gehört zu den wenigen erhaltenen
mittelalterlichen Bauwerken im Stadtgebiet. Von der Mauer selbst ist heute nichts
mehr erhalten, einzige Überbleibsel der
Befestigungsanlage sind abgesehen vom
Schreierstoren die Waag [s. S. 46] und der
Montelbaanstoren [s. S. 96]. Für den Namen des wuchtigen Backsteinturms gibt
es zwei Erklärungsmodelle. Die einen sagen, der Turm habe *schrijlings* (rittlings)
auf der Stadtmauer aufgesessen, während die anderen sich auf einen an der
Fassade angebrachten Giebelstein mit
dem Relief einer weinenden Frau, eines
auslaufenden Seglers und der Jahreszahl
1569 berufen, und den Schreierstoren als
›Turm der Tränen‹ interpretieren. Demzu-
folge würde der Name auf die tränen-
reichen Abschiedsszenen der Seemanns-
frauen hinweisen, wenn ihre Männer hier

*Leselichter – Foyer und Treppenhaus der
Stadtbibliothek OBA bezaubern mit Design*

vorbei segelten und für lange Zeit hinaus
aufs Meer fuhren– nicht selten ohne Wie-
derkehr. Eine am Turm angebrachte Gedenktafel erinnert an die ›Eerste schip-
vaart naar Oostindie‹ 1595, die hier begann. Von den vier Schiffen mit 240 See-
leuten kehrte nach über zwei Jahren nur
eines mit 27 Männern zurück, doch der
Grundstein für den späteren Erfolg der
Handelsgesellschaft war gelegt. Heute
bietet sich das Turmhaus für eine Rast an,
es beherbergt das gemütliche *VOC-Café
Schreierstoren* (Tel. 020/428 82 91, www.
schreierstoren.nl) sowie einen Laden für
nautische Karten und Instrumente.

66 Scheepvaarthuis – Grand Hotel Amrâth

Das Haus der Schifffahrt präsentiert sich in Form eines Schiffsbugs.

Prins Hendrikkade 108–114
Tel. 020/552 00 00
www.amrathamsterdam.com
Bus: 22, 32

Das Grand Hotel Amrâth residiert in einem imposanten Gebäude. Das Haus der Schifffahrt, Scheepvaarthuis, wurde 1913–16 unter der Leitung von Johan Melchior van der Mey unter Mitwirkung von Michel de Klerk und Piet Kramer erbaut. Es diente als Sitz der bedeutendsten niederländischen Schifffahrtsgesellschaften. Die drei Architekten gehörten zu den führenden Vertretern der **Amsterdamse School** (Führungen zum Thema bietet Museum Het Schip, www.hetschip.nl), die Anfang des 20. Jh. einen wichtigen Beitrag zur modernen Architektur der Niederlande leistete. Tonangebend war damals *Hendrik Petrus Berlage*, der mit seiner strengen und sachlichen Bauweise [Beurs van Berlage, s. S. 28] den populären

Historismus überwand. Auch die Schule von Amsterdam lehnte die Nachahmung von Baustilen vergangener Zeiten ab, baute jedoch plastischer und wesentlich schmuckfreudiger als Berlage.

Das Scheepvaarthuis gehört zu den Hauptwerken der Amsterdamer Schule. Sein nach Norden hin spitzwinklig zulaufender Baukörper ist dem Bug eines Schiffes nachempfunden. Baudekor und Fenster in der Lobby zeigen Motive aus der Geschichte der Seefahrt.

67 Montelbaanstoren

Alter Festungsturm mit barocker Spitze.

Oude Schans 2
Straßenbahn: 9, 14

Der achteckige Montelbaanstoren ist ein um 1512 errichteter Geschützturm, dem man im 17. Jh. eine von Stadtbaumeister Hendrik de Keyser entworfene hölzerne Spitze aufsetzte. Auch ein Glockenspiel kam hinzu, ganz wie bei einer Kirche. Heute hat das Stadswaterkantoor seinen

Wie ein Fels in der Brandung steht das Scheepvaarthuis, Hauptwerk der Amsterdamer Schule

Der alte Festungsturm Montelbaanstoren trägt eine elegante Spitze wie ein Kirchturm

Sitz im Turm. Diese städtische Behörde Amsterdams kontrolliert und reguliert die Wasserstände in den Grachten. Montelbaanstoren wurde als Teil einer Verteidigungsanlage erbaut, nachdem Truppen aus der östlich gelegenen Provinz Gelderland das damals noch außerhalb der Stadtmauer liegende Viertel Lastage mit seinen Werften, Seilereien und Lagerhallen attackiert hatten. Zuverlässig geschützt war das Stadtviertel aber erst, als man kurze Zeit später einen weiten Wassergraben, die Oude Schans, anlegte.

 NEMO

Interaktives Museum für Wissenschaft und Technik.
Oosterdok 2
Tel. 020/531 32 33
www.e-nemo.nl
Di–So 10–17 Uhr, Juni–Aug. und während der Schulferien (NL) auch Mo
Bus: 22

Genau dort, wo die Schnellstraße, die das Zentrum Amsterdams mit den nörd-

Am Oosterdok liegt das schnittige Technologiezentrum NEMO wie ein Schiff vertäut

lichen Stadtvierteln verbindet, in einem Tunnel unter der IJ verschwindet, ragt der futuristische Bau des NEMO, eines 1997 eröffneten Wissenschafts- und Technologiezentrums, wie ein grüner Schiffsbug aus dem Wasser. Entworfen hat das Gebäude der Italiener *Renzo Piano*. Mithilfe multimedialer Technik und anhand von Experimenten bietet das Museum in mehreren Abteilungen Einblicke in die Themenbereiche Energie, Kommunikation und Mensch. So erfährt man auf einer Reise durch das menschliche Gehirn alles über unseren Verstand, und auch die DNA wird allgemeinverständlich erläutert. Nach dem Rundgang durch die Säle lassen sich im Café-Restaurant mit seiner herrlichen Dachterrasse die neuen Er-

Die schlangengleiche Fußgängerbrücke Anaconda führt hinüber nach Borneo

kenntnisse, ergänzt mit einem leckeren Imbiss, aufs Angenehmste verdauen.

69 Muziekgebouw aan't IJ

Ein Haus für die Musik als Entrée des neuen Amsterdam am alten Osthafen.

Piet Heinkade 1
Tel. 020/788 20 00
www.muziekgebouw.nl
Straßenbahn: 25, 26

Wie ein großes Transportschiff, doch ungleich leichter und dank der aufstrebenden Glasfassade auch durchscheinender liegt das Muziekgebouw am Ufer der IJ. Der dänische Architekt Kim Herforth Nielsen schuf bis 2005 diese Bühne für insgesamt 17 Musikensembles sowie das angrenzende Bimhuis, das vornehmlich von Jazzgruppen bespielt wird.

Die Außenhaut des Muziekgebouw besteht aus einem in der Sonne glitzernden Glaskörper, in dem das exzentrisch geformte Foyer einer Ausstellungsvitrine gleich posiert. Aus dem Inneren blickt man hinaus auf das Wasser der IJ.

Damit ist das Konzerthaus das Entrée eines ehrgeizigen Neu- und Umbauprojektes, das die Innenstadt Amsterdams seit dem Ende des 20. Jh. in den alten, für den Welthandel längst zu klein gewordenen **Osthafen** erweitert. Statt

Handels- laufen ihn mittlerweile Kreuz-
fahrtschiffe an, die ihre Passagiere beim
wellenförmigen und gänzlich verglasten
Amsterdam Passenger Terminal neben
dem Muziekgebouw an Land lassen.

Nicht weit vom Kreuzfahrtterminal
führt die Javabrug hinüber ins eigent-
liche Neubaugebiet. Modernistische
Apartment- und Bürogebäude überzie-
hen die Inseln, auf denen einst Waren aus
aller Welt verladen wurden. Ein Rundgang lohnt allemal, stößt man doch zwischen durchschnittlicher Allerweltsarchi-
tektur immer wieder auf wahre Perlen
zeitgenössischen Designs. Auf *Java*, der
Insel gegenüber dem Konzertgebäude
etwa, entstanden neue Grachten und
Wohnhäuser, die den traditionellen Stil
der Innenstadt neu interpretieren. In ihrer
gewollten Einheitlichkeit wirken sie jedoch etwas artifiziell.

Rund um den *Rietlandpark* (an der Piet
Heinkade, 1,6 km östlich des Muziekgebouw) stößt man auf silberglänzende
Wohnhäuser. Noch gelungener erscheint
die Apartmentarchitektur auf *Borneo*, der
Insel ganz im Osten. Dort flankieren entlang der Scheepstimmermanstraat von
großen Fenstern aufgelockerte Häuser
den Kanal. Ihren ganzen Charme entfalten sie allerdings nur vom Wasser aus. Am
Ende dieser Halbinsel wartet schließlich
ein echtes Highlight, die geschwungene,
als ›Anaconda‹ bekannte Fußgängerbrücke über das Spoorwegbassin.

70 Het Scheepvaart- museum

*Alles über die Geschichte der nieder-
ländischen Seefahrt.*

Kattenburgerplein 1
Tel. 020/523 22 22
www.hetscheepvaartmuseum.nl
tgl. 9–17 Uhr
Bus: 22, 32

18 000 in den Grund des Oosterdok ge-
triebene Holzpfähle tragen den 1655 errichteten Gebäudekomplex des ehemaligen Flottenarsenals der Amsterdamer
Admiralität. Wo einst Schießpulver, Munition und Kanonen sowie Segel und Tau-
werk für eine Kriegsflotte von 40 Schiffen
lagerten, präsentiert heute eines der
größten maritimen Museen der Welt, das
Scheepvaartmuseum, 500 Jahre Seefahrts-
geschichte der Niederlande.

Natürlich gibt man dem bedeutendsten
Kapitel der niederländischen Schifffahrt,
dem durch die Aktivitäten der Handelsflotte der Verenigde Oost-Indische Compagnie [VOC, s. S. 42] herbeigeführten
›Goldenen Zeitalter‹ großen Raum und
beleuchtet es in all seinen Facetten. Denn
nicht nur der Handel, auch die Wissenschaften und die Kunst erblühten im
›Gouden Eeuw‹. Aber auch die düsteren
Seiten, sprich Sklaverei, Menschenhandel
und brutale Ausbeutung, werden hier
keineswegs unter den Teppich gekehrt.

Einer illuminierten Schmuckschatulle gleich residiert das Muziekgebouw am Osthafen

Das Leben an Bord eines Ostindienseglers wird auf der ›Amsterdam‹ nachgespielt

De Zeereis ist die virtuelle Inszenierung einer abenteuerlichen Seereise. Hier trifft man den berühmten Admiral Michiel de Ruyter an und sieht, wie er sich gerade auf eine Seereise vorbereitet. Wenige Schritte weiter findet man sich auf dem Meer wieder, mitten im Sturm oder umgeben vom Kanonendonner einer tosenden Seeschlacht. Der Bogen ist weit gespannt und schließt sogar die Teilnahme an einer Segelregatta mit ein, aber auch, wie es sich anfühlt, wenn ein Torpedo in ein Schiff einschlägt.

Daneben machen faszinierende Objektausstellungen, die nichts mit dem verstaubten Museumsmuff vergangener Tage zu tun haben, die Geschichte der Seefahrt erfahrbar: einzigartige historische Globen, nautische und maritime Malerei, Fotoalben, kunsthandwerkliche Objekte aus Silber, Glas und Porzellan, Schiffsornamente, Messing glänzende Navigationsinstrumente und eine ganze Flotte maßstabgetreuer Modelle historischer und moderner Yachten. Hinzu kommt die Geschichte des Walfangs. Und im Haven 24/7 geht es in rasanter Fahrt – ganz so, als säße man in einem Container – durch die riesige Amsterdamer Hafenanlage.

Es lohnt sich, auch einen Blick in die Bibliothek zu werfen. Hier findet man beispielsweise Werke wie den detailreichen ›Atlas Major‹ des berühmten Amsterdamer Kartographen Johan Blaeu, der im 17. Jh. im Dienst der VOC stand.

Vor dem Museum liegt die originalgetreue Rekonstruktion des VOC-Seglers Amsterdam. Als Vorlage für den Nachbau des 48 m langen und 12 m breiten Dreimasters diente das Modell eines Schiffes aus dem Rijksmuseum. Der Ostindiensegler, der 1749 zu seiner Jungfernfahrt in See stach, sollte sein Ziel im Indischen Ozean allerdings nie erreichen. Schwere See trieb ihn bereits vor Südengland auf eine Sandbank, wo er heute noch auf Grund liegt. Der Nachbau bietet nun die Möglichkeit, sich ein Bild von Arbeit und Leben an Bord eines Handelsschiffes des 18. Jh. zu machen, und das war kein Zuckerschlecken. Um die Besucher vollends einzustimmen, tummelt sich das ganze Jahr über eine ›Besatzung‹ in historischen Kostümen an Bord, die auch kurzweilige Führungen durch das Innere des Seglers anbietet.

Der von einer spektakulären Glaskuppelkonstruktion überdachte Innenhof (1200 einzelne Glasfacetten in einer metallenen Verstrebung, die einer Windrose nachempfunden ist), die Bibliothek, der Museumsshop und das Restaurant sind auch ohne Eintritt zu zahlen zugänglich.

71 Werfmuseum 't Kromhout

In der ältesten noch existierenden Schiffswerft Amsterdams kann man sich über den Schiffsbau im 19. Jh. informieren.

Hoogte Kadijk 147
Tel. 020/627 67 77
www.machinekamer.nl
Di 10–15 Uhr. Für Gruppen über 15 Pers. nach telefon. Anmeldung auch andere Besichtigungszeit möglich.
Straßenbahn: 7, 10
Bus: 22, 32

Hier wird gehämmert, dort geschweißt und geschliffen, und über allem hängt der Geruch von Öl und Teer – in der im 18. Jh. gegründeten Werf 't Kromhout werden noch heute Schiffe gebaut und repariert. Zur Information der Besucher hat man in einem der Werftgebäude eine kleine Ausstellung zusammengetragen, die anhand von alten Schiffsmotoren, Werkzeugen etc. die Entwicklung maritimer Technik ab jener Zeit demonstriert, als Dampfer die Segelschiffe zu verdrängen begannen. An vergangene, geschäftigere Zeiten des Hafens erinnern 84 Speicher-

Das Werfmuseum 't Kromhout erinnert an die Geschichte des Schiffsbaus in Amsterdam

häuser, die über eine Länge von 500 m am nahen Kanal **Entrepotdok** aufgereiht sind. Sie wurden zwischen 1708 und 1829 als Lager für zollfreie Ware erbaut. Heute beherbergen sie Büros und Wohnungen sowie einige kleine Cafés.

72 De Molen De Gooyer

Eine der letzten Windmühlen Amsterdams.

Funenkade 7
Straßenbahn: 7, 10

Von den einst so zahlreichen Windmüh-len Amsterdams – allein in diesem Viertel gab es fünf – blieben nur wenige erhal-ten. Eine von ihnen ist De Gooyer aus dem 17. Jh. 1814 schaffte man sie von ih-rem ursprünglichen, weiter südwestlich gelegenen Standort hierher, weil ihr dort neu errichtete Gebäude den Wind aus den Segeln genommen hatten.

Nebenan lädt der Biergarten der in ei-ner ehemaligen Badeanstalt eingerichte-ten Bierbrouwerij 't IJ zum Verkosten der dort produzierten, teils recht kräftigen Biersorten ein. Freitags bis sonntags um 15.30 und 16 Uhr findet eine interessante Brauereiführung statt (Funenkade 7, Tel. 020/622 83 25, www.brouwerijhetij.nl).

Die Mühle De Gooyer in der Funenkade neben der beliebten Brouwerij 't IJ

73 Amsterdam ArenA

Alles über AJAX Amsterdam.

Amsterdam Zuidoost,
Arena Boulevard 29
Tel. 020/311 13 33
www.amsterdamarena.nl
www.ajax.nl
Mo 12–18, Di–So 10–18 Uhr,
letzter Einlass 17 Uhr
Führungen (World of Ajax Stadion-
tour): Okt.–März Mo–Fr und letzter So
des Monats 11, 12.30, 14.30 16.30 Uhr,
Sa 11, 12.15, 13.30, 14.45, 16.30 Uhr
Metro: 50, 54, Halte Strandvliet oder
Amsterdam Bijlmer ArenA

Der erfolgsverwöhnte Traditionsverein
Ajax Amsterdam, der mit offiziellem
Namen Amsterdam Football Club heißt,
feierte 2010 sein 110-jähriges Bestehen.
Ajax besitzt eines der schönsten und
modernsten Sportstadien Europas, die
Amsterdam ArenA. Das Bauwerk, es erinnert an einen energiegeladenen Trans-
formator, fasst 50 000 Zuschauer. Bei Regen kann die Arena, die auch für Rockkonzerte und andere Open-Air-Spektakel
genutzt wird, mittels einer Schiebekon-
struktion überdacht werden.

Wer sich die Amsterdam ArenA ge-
nauer ansehen möchte, kann an einer der
zwischen Oktober und März mehrmals
täglich stattfindenden Führungen *World
of Ajax Stadiontour* (Tel. 020/311 13 36, ca.
60 Min., auf Niederländisch und Englisch,
Treffpunkt: Haupteingang E, Westzijde
Stadion) teilnehmen.

Eine interaktive Reise in die Welt von
Ajax präsentiert **AJAX Experience** (Rembrandtplein, Utrechtsestraat 9, www.ajax.
nl. Mi–Mo 11–19, Do 11–21 Uhr, letzter Einlass 1 Std. vor Schließung, Straßenbahn 9,
14). Hier erfährt man alles über Taktik,
Training, Trikots und Trophäen aus einem
Jahrhundert Fußball. Natürlich fehlen
auch Aufnahmen der größten Erfolge
und legendärsten Tore von Ajax nicht.

74 Amstelveen

*Trabantenstadt im Süden mit dem
exzellenten CoBrA-Museum und der
Grünen Lunge Amsterdams.*

Straßenbahn: 5 ab Centraal
Station, ca. 35 Min.
Bus: 142, 170, 172, 175, 300

Amstelveen, obwohl mit seinen 81 000
Einwohnern eine ausgewachsene Stadt,
gilt doch als Schlafstadt der Amsterdamer. Dennoch lohnt ein Abstecher in
diesen südlichen Vorort der Grachtenmetropole. Denn direkt am Stadsplein
befindet sich mit dem **Cobra Museum
voor Moderne Kunst** (Sandbergplein 1,
Tel. 020/547 50 50, www.cobra-museum.
nl, Di–So 11–17 Uhr) die umfassendste
Ausstellung mit Arbeiten der internationalen CoBrA-Bewegung (s. auch S. 43 und
86). In dem von natürlichem Licht durch-
fluteten, modernen Gebäude des niederländischen Architekten Wim Quist werden nach wechselnden thematischen

Amsterdam ArenA – der Fußballklub AJAX besitzt eine der modernsten Stadien Europas

Schlittschuhlaufen auf zugefrorenen Seen und Kanälen im Amsterdamse Bos

Schwerpunkten Gemälde, Skulpturen und Keramiken der Gruppe präsentiert. Ergänzt werden die Ausstellungen durch ›artverwandte‹ Arbeiten von Künstlern der niederländischen avantgardistischen Bewegungen ›Vrij Beelden‹ (1946) und ›Creatie‹ (1950–55), die ebenfalls zur Sammlung des Museums gehören.

In der *CoBrA Gallery* können Werke von Künstlern der CoBrA-Bewegung erworben werden, und der im Eingangsbereich befindliche *CoBrA Museum Winkel* verfügt über ein beachtliches Angebot an Kunstliteratur (Schwerpunkt CoBrA- und andere Moderne Kunst der Nachkriegszeit), Postkarten und Postern.

Etwas abseits des Zentrums von Amstelveen, jenseits der Autobahn A 9, befindet sich das kleine **Museum Jan van der Togt** (Dorpsstraat 50, Tel. 020/641 57 54, www.jvdtogt.nl, Mi–Fr 11–17, Sa/So 13-17 Uhr), dessen besonderer Stolz eine Sammlung moderner Glaskunst ist.

Etwa zwei Kilometer südlich von Amstelveens Stadsplein erreicht man den ausgedehnten Stadtwald **Amsterdamse Bos** (über Keizer Karelweg, später Amsterdamseweg und Amstelveenseweg, Bus 170 und 172 ab Amstelveen oder Amsterdam Centraal Station). Er bedeckt eine Fläche von mehr als 800 ha und ist damit das größte Naherholungsgebiet der Amsterdamer.

In unmittelbarer Nähe des Zugangs befindet sich das **Besucherzentrum** (Bosbaanweg 5, Tel. 020/545 61 00, www.amsterdamsebos.nl, tgl. 12–17 Uhr). Dort erfährt man auch, wie der Wald entstand: Angelegt wurde er nämlich im Rahmen einer Arbeitsbeschaffungsmaßnahme, nachdem die Weltwirtschaftskrise 1934 verheerende Arbeitslosigkeit nach sich gezogen hatte. Innerhalb von fünf Jahren legten 5000 Männer zunächst Sumpfland trocken, schufen Seen und Kanäle, warfen Hügel auf und pflanzten sodann Bäume und Sträucher aus Europa, Kanada, USA, China, Japan und dem Gebiet des Himalaja. Zudem werden Fauna und Flora des Amsterdamse Bos vorgestellt, in dessen Wäldern heute rund 200 Vogelarten heimisch sind. 60 km Fuß- und 48 km Fahrradwege sowie ein See, auf dem gesegelt und gerudert werden kann, bieten zahlreiche Möglichkeiten der naturnahen Freizeitgestaltung.

Eine originelle, weil recht nostalgische Anfahrtsmöglichkeit zum Amsterdamse Bos bietet die historische Straßenbahn der *Electrische Museumtramlijn Amsterdam* (www.museumtramlijn.org). Sie verkehrt zwischen Ostern und Ende Oktober jeweils sonn- und feiertags von 11–17.30 Uhr und startet ihre rund 7 km lange Tour mit diversen Stopps an der Haarlemmermeerstation (Amstelveenseweg 264).

Rund um Amsterdam –
vom IJsselmeer zur Nordsee

Windmühlen, Tulpen und natürlich Käse – was wäre ein Besuch in Amsterdam, ohne die weltweit bekannten holländischen Wahrzeichen erlebt zu haben? Bei einem Ausflug ins Umland trifft man sie alle an. Obwohl in **Edam** am IJsselmeer längst kein Käse mehr hergestellt wird, dreht sich hier alles um den berühmten Edamer, besonders dann, wenn der bäuerliche Käsemarkt abgehalten wird. So richtig ländlich wird es, wenn man von Edam aus am Seeufer gen Süden fährt. In idyllischen Fischerdörfern wie **Volendam**, **Marken** und **Monnickendam** mit ihren Häfen, den grün-weiß gestrichenen Holzhäuschen und etlichen Windmühlen scheint die Zeit stehen geblieben zu sein. Wie auch im weiter westlich gelegenen Museumsdorf **Zaanse Schans**, wo die Bewohner anscheinend noch so leben und arbeiten wie vor Jahrhunderten. Zurück in die Gegenwart führt ein Abstecher nach **Haarlem**, der Hauptstadt der Provinz Noordholland, die mit dem *Frans Hals Museum* eine der bedeutendsten Gemäldegalerien des Landes besitzt. Einen farbenprächtigen Anblick bietet im Frühjahr das Küstenhinterland südlich von Haarlem, denn dann blühen hier die Tulpenfelder in allen Farben. Wer eine Blumenauktion miterleben möchte, muss **Aalsmeer** ansteuern, das weltgrößte Handelszentrum seiner Art. Über Haarlem erreicht man schließlich **Zandvoort**, das beliebteste niederländische Nordseebad mit seinem 9 km langen Sandstrand.

75 Zaandam

Wo Zar Peter der Große das Zimmermannshandwerk erlernte.

Etwa 15 km nördlich von Amsterdam liegt das kleine Städtchen Zaandam, das mit seinen Windmühlen heute recht idyllisch wirkt, im 17. Jh. aber einer der ersten Industrieorte des Landes war. Hunderte von Windmühlen trieben damals Holz- und Steinsägewerke sowie Mahl- und Hammerwerke an. 1697 wurde hier, an einer der zahlreichen Schiffswerften an der Zaan, niemand Geringerer als der *russische Zar Peter der Große* unter dem Namen Peter Michailov als Schiffszimmermann angestellt, er hämmerte, sägte und schleppte Schiffsplanken. Im Dorf hatte er sich in einem winzigen Häuschen, das heute als **Czaar Peterhuisje** (Krimp 23,

In voller Blüte – besonders im Frühjahr lohnt der Besuch der Blumenschau im Keukenhof

Tel. 075/681 00 00, www.zaanseschans.nl, Di–So 10–17 Uhr) bekannt ist, eingemietet. Ob der baumlange Herrscher allerdings wirklich in dem recht kurz geratenen Schrankbett nächtigte oder den Fußboden als Nachtlager bevorzugte, ist nicht bekannt. 1911 stiftete *Zar Nikolaus II.* der Stadt ein Denkmal, das jetzt auf dem Dam an den Aufenthalt Peter des Großen in den Niederlanden erinnert. Zu den weiteren Sehenswürdigkeiten von Zaandam zählen die hinter dem Bahnhof gelegene Sägemühle *Held Josua*, die 1640 erbaute Wassermühle *De Ooievaar* bei der Juliabrug und zwei *Accijnshuisjes*, Zollhäuschen, vom Anfang des 18. Jh. an der Schleuse.

Die bedeutendste Sehenswürdigkeit von Zaandam ist jedoch das vor den Toren der Stadt gelegene **Zaanse Schans** (Schansend 1, Tel. 075/681 00 00, www.zaan seschans.nl, tgl. 10–17 Uhr), ein pittoreskes Freilichtmuseum mit rund 30 grün-weiß gestrichenen Holzhäusern und etlichen Mühlen aus dem 17. und 18. Jh. Die vor-

Majestätische Flügelwesen – drei stillgelegte Windmühlen im Freilichtmuseum Zaanse Schans

Zar und Zimmermann – Peter der Große in Amsterdam

Ihn während seiner Reise nach Holland als Zar anzusprechen, untersagte **Peter der Große** (1672–1725) seinem Gefolge unter Androhung der Todesstrafe. Er wollte unerkannt bleiben. 1697 traf er in Amsterdam ein, um den Schiffsbau zu studieren. Unter dem Namen Peter Michailov heuerte er als Zimmermann auf einer Werft in **Zaandam** an und griff zu Hobel, Axt und Querbeil. Bald jedoch wurde er erkannt, floh vor den Gaffern nach Amsterdam und erlernte den **Schiffsbau** in einer abgeschirmten Werft der VOC. Für die »hochgestellte Persönlichkeit, die sich hier inkognito aufhält« ließ man eigens eine neue Fregatte, die ›Peter en Paul‹, auf Kiel legen. Häufig verließ der junge russische Zar die Werft, um sich, von ungewöhnlicher Wissbegier und vielseitigen Interessen getrieben, Werkstätten, Fabriken, Schulen, botanische Gärten und Laboratorien zeigen zu lassen, er erlernte die Technik des Kupferstichs und kaufte Kunst, anatomische Präparate und andere Dinge auf. Besonders beeindruckte ihn die neueste Erfindung auf dem Gebiet der Brandbekämpfung, die Feuerspritze. Davon kaufte er gleich Dutzende und ließ sie nach Russland schaffen. Immer wieder besuchte der Zar auch **anatomische Vorlesungen**, assistierte bei Operationen und konnte schon bald selbst Zähne ziehen. Ob er allerdings eine schmerzfreie Technik beherrschte, muss bezweifelt werden, vermied es doch bald jeder in seiner Umgebung, über Zahnweh zu klagen. Ende April/Anfang Mai 1698 verließ Zar Peter Amsterdam und reiste über Wien nach Moskau.

bildlich restaurierten Gebäude stammen aus verschiedenen Teilen des Landes und wurden in den 1960er-Jahren abgetragen und an dieser Stelle wieder aufgebaut, um sie vor dem endgültigen Abriss zu bewahren. Das Besondere an dem künstlich angelegten Zaanse Schans ist, dass hier Menschen leben und arbeiten wie vor Hunderten von Jahren und so einen Eindruck vom ländlichen Leben der Region längst vergangener Zeiten vermitteln. Auf dem Rundgang durch das Dorf können eine Öl-, eine Senf-, eine Farben- und eine Sägemühle besichtigt werden. Daneben gibt es einen Kolonialwarenladen, eine Bäckerei, eine Käserei, einen Holzschuhmacher und eine Zinngießerei, in denen die Handwerke noch wie früher betrieben werden.

Unmittelbar an die Zaanse Schans grenzt das **Zaans Museum** (Schansend 7, www.zaansmuseum.nl, tgl. 10–17 Uhr). Am Beispiel der vier Themenbereiche Wohnen, Arbeiten, Wind und Wasser wird die Geschichte dieser alten Industrieregion weiter vertieft.

76 Edam

Pittoreskes Käsestädtchen mit beliebtem Käsemarkt.

Weltweit bekannt ist Edam für den kugelförmigen Edamer Käse mit der roten Schale, doch wird kein einziger der 27 Mio. alljährlich produzierten Käselaibe hier hergestellt. Dieses und anderes über das beliebte holländische Milchprodukt erfährt der Besucher in dem kleinen, in der alten **Waag** (Nieuwenhuizenplein, April–Sept. tgl. 10–17 Uhr) von 1778 untergebrachten *Käsemuseum*. Auf dem Platz vor dem Gebäude wird in den Sommermonaten Juli und August mittwochs ein **Kaasmarkt** (www.edammerkaasmarkt.nl, Juli/Aug. Mi 10.30–12.30 Uhr) abgehalten, Edams große Touristenattraktion. Dann wird der mit Ruderbooten und Pferdewagen angelieferte Käse mit Hammer und Bohrer geprüft, gewogen und, wenn für gut befunden, per Handschlag verkauft. Besonders fotogen sind die Träger, die nach alter Tradition die Ware auf hölzernen Tragen im Laufschritt zur Waag und zu den Karren der Händler schleppen.

Der Rundgang durch das heute eher verschlafene Städtchen, vorbei an prächtigen alten Giebelhäusern, offenbart, dass Edam einst eine blühende Stadt gewesen sein muss, durch Schiffbau und Käsehandel zu einigem Wohlstand gekommen. Von die einst 30 Werften, auf denen auch Ostindiensegler gezimmert wurden, ist heute allerdings keine mehr erhalten. Der Spaziergang durch die Gassen führt zum 1737 errichteten **Stadhuis** (Damplein 1, April–Okt. Di–Sa 10–16.30, So 13–16.30 Uhr) mit seinem sehenswerten Ratssaal. Schräg gegenüber, auf der anderen Seite der Damüberwölbung, einer besonders breiten Brücke, befindet sich in einem 1550 erbauten Treppengiebelhaus das **Edams Museum** (auch Stedelijk Museum, Damplein 8, Tel. 0299/37 26 44, www.edamsmuseum.nl, April–Okt. Di–Sa 10–16.30, So 13–16.30 Uhr). Das Gebäude wartet mit einem seltenen schwim-

Käse auf den Markt werfen – der Käsemarkt von Edam zieht Scharen von Besuchern an

menden Keller auf, d.h., einem Keller, dessen Holzboden nicht mit dem Untergrund oder den Seitenwänden verbunden ist. Nicht minder kurios sind drei Gemälde mit Edamer ›Originalen‹ aus dem 17. Jh., darunter der 2,50 m große Trijntje Kever, der 445 Pfund schwere Herbergswirt Jan C. Clees sowie Pieter Dirksz. Langebaard, der Leiter des Waisenhauses, der mit seinem mehrere Meter langen Bart durchs Land tingelte, sich bestaunen ließ und dafür Geld für seine Waisenkinder kassierte. Die rechte Seitenstraße führt zur Ecke Breestraat/Eilandsgracht, an der sich das älteste Holzhaus der Stadt erhebt, das **Houten Huis** mit seinen horizontal aufzuklappenden Fensterläden.

Nicht zu überhören ist das viertelstündlich ertönende Glockenspiel vom **Speeltoren**, einem Kirchturm aus dem 15. Jh., der mangels stützender Kirche schon erheblich aus dem Gleichgewicht geraten ist. Das einst dazugehörende Langhaus der *Kleine Kerk* war baufällig und wurde 1882 abgerissen.

ℹ ▸ Praktische Hinweise

Information

VVV Edam, Damplein 1, Tel. 02 99/31 51 25, www.vvv-edam.nl

77 Volendam, Marken, Monnickendam

Wo die Zeit stehengeblieben zu sein scheint: Pittoreske Hafenstädtchen am Ufer der einstigen Zuiderzee, einer ehemals offenen, riesigen Nordseebucht, die nach ihrer Eindeichung 1932 in IJsselmeer umbenannt wurde.

Auf ein Stück Bilderbuch-Holland trifft man in **Volendam** am Markermeer, das früher noch zur Zuiderzee gehörte. Das Fischerdorf mit dem malerischen Hafen und den schönen Holzhäusern ist eine der ganz großen Sehenswürdigkeiten des Landes und entsprechend gut besucht. Kleine, von Klappbrücken überspannte

Rund um Amsterdam
Nr. 73 – 82
★ Sehenswertes Objekt
✦ Flughafen
Nationalpark
0   5km
weitere Pläne siehe Umschlagklappen

Bilderbuch-Holland – das malerische Volendam am Ufer des IJsselmeeres

Kanäle durchziehen das Dorf, in dem man zahlreiche alte Fischerhäuschen und eine betagte Holzkirche von 1685 besichtigen kann. Zum Kirchgang, besonders aber zu festlichen Anlässen, tragen meist ältere Bewohner vielfach noch traditionelle Trachten. Das *Volendams Museum* (Zeestraat 41, Tel. 02 99/36 92 58, www.volendamsmuseum.nl, Mitte März–Anfang Nov. tgl. 10–16.30 Uhr) informiert über die Geschichte des Dorfes, das durch die Eindeichung der Zuiderzee starke Verluste im Fischfang hinnehmen musste und heute größtenteils vom Tourismus lebt.

Mit einer Fähre kann man von Volendam aus zu einer kleinen vorgelagerten Halbinsel übersetzen, die 1164 durch die verheerende St. Juliansflut vom Festland abgetrennt und 1957 durch den Bau eines 2 km langen Deichs im Südwesten mit diesem wieder verbunden wurde. Hier bietet das nicht minder malerische Fischerdorf **Marken** mit seinen grünweiß gestrichenen Holzhäusern, die zum Schutz vor Hochwasser teilweise auf Pfählen stehen, und dem Hafen einen besonders reizvollen Anblick. Auch hier beleuchtet das kleine *Marker Museum* (Kerkbuurt 44–47, Tel. 02 99/60 19 04, www.markermuseum.nl, April–Okt. Mo–Sa 10–17, So 12–16, Okt. 11–16 Uhr) die alten Zeiten,

Holzhäuser, Kanäle und Hebebrücken – das im IJsselmeer gelegene Fischerstädtchen Marken

in denen die Dorfgemeinschaft überwiegend vom Fischfang lebte. An das Fischerdasein erinnern zudem die alten Schiffsmodelle in der Fischerkirche. Ein schöner Spaziergang führt zum Leuchtturm *Het Witte Paard* von 1700 am östlichen Ende der Halbinsel.

Stadtwappen und Name lassen keinen Zweifel daran, wer **Monnickendam** im 12. Jh. gegründet hat, nämlich Mönche. Weit weniger überlaufen als seine Nachbarn, hat sich das südlich von Volendam gelegene Städtchen viel von seinem altholländischen Charme bewahrt. Lange Zeit war Monnickendam einer der bedeutendsten Häfen der Zuiderzee, weithin bekannt für seinen hervorragenden Hering und Räucheraal. Über 50 *Hangen* (Räuchereien) gab es einst im Ort, einige von ihnen existieren noch heute in der Havenstraat. Wer wissen will, wie Fisch geräuchert wird, kann die *Visrokerij* der Gebroeders De Boer besichtigen (Havenstraat 12, Tel. 02 99/65 42 56, Besichtigung auf Anfrage). Eines der ältesten Bauwerke des Städtchens ist die im 15. Jh. errichtete spätgotische *St. Nicolaaskerk*. 1229 Grabplatten aus Naturstein bilden den Boden des Gotteshauses, in dem im Laufe der Jahrhunderte mehrere tausend Menschen beerdigt worden sein sollen. Im Ortszentrum erhebt sich der *Speeltoren* von 1596. Stündlich ertönt sein Glocken-

spiel aus 18 Glocken. Einige Häuser weiter befindet sich die alte Waage (17. Jh.), in der heute das Restaurant *De Waegh* (Middendam 5–7, Tel. 02 99/65 12 41, www.de waegh.com) holländische und mediterran inspirierte Gerichte serviert.

78 Keukenhof

Blühende Tulpenfelder soweit das Auge reicht.

Lisse, Stationsweg 166 a
Tel. 02 52/46 55 55, www. keukenhof.nl
ca. 22. März–20. Mai tgl. 8–19.30 Uhr,
Kasse schließt um 18 Uhr

Tulpen – die weltberühmten, langstieligen Wahrzeichen der Niederlande. Das größte Anbaugebiet dieser Blumen erstreckt sich in einem **Bollenstreek** genannten Landstrich im Küstenhinterland zwischen *Haarlem* und *Katwijk*. Ab Mitte März verwandelt sich die Landschaft dort in einen riesigen bunten Teppich aus Feldern voller blühender Tulpen, aber auch Narzissen und Hyazinthen. Im Zentrum des Bollenstreek lockt der Keukenhof, der frühere Küchenhof des Landguts der *Gräfin Jacoba von Bayern* (1401–36), alljährlich Scharen von Besuchern zur weltgrößten Blumenschau mit über 700 verschiedenen Tulpensorten und unzähligen anderen Blumen.

Tulipomanie – Spekulationsobjekt Tulpe

Zwei Grauschimmel, ein neues Fuhrwerk, 4600 Goldgulden und eine komplette Rüstung – das alles opferte ein Tulpenliebhaber 1623, nur um in den Besitz einer einzigen Blumenzwiebel zu gelangen. Gewiss, die **Semper Augustus**, so ihr Name, war eine Rarität, es soll nur zwölf Stück davon gegeben haben, und diese war die vorletzte. Aber für eine schnell vergängliche Blume ein ganzes Vermögen hergeben? Nichts Ungewöhnliches zur damaligen Zeit, als vor allem die oberen Zehntausend der Nation der Tulipomanie, dem Tulpenwahnsinn, verfallen waren.

Im 17. Jh. war die Tulpe, die über die Türkei in die Niederlande gekommen

war, ein **Statussymbol** in Amsterdam. Für ausgefallene Sorten – deren Maserung übrigens durch eine Pilzkrankung hervorgerufen wurde, die von heutigen Blumenzüchtern gefürchtet wird – zahlte man unglaubliche Preise. Spekulanten, die Tulpen aufkauften und mit Gewinn weiterverkauften, konnten ein Vermögen machen. In den Jahren 1634–1637 erreichte der **Tulpenwahnsinn** seinen Höhepunkt. Zwiebeln gingen von Spekulant zu Spekulant, ohne jemals aus der Erde zu kommen, oder sie existierten gar nur auf dem Papier – damals begann der Handel mit Optionsscheinen.

Doch dann kam der Crash. Bis heute weiß man nicht genau, warum die Floristen, die mit der Zucht der Tulpen ihr Geld verdienten, von einem Tag auf den anderen keine Abnehmer mehr für ihre Pflanzen fanden. Die Preise für Tulpenzwiebeln stürzten in den Keller, und es entstand ein Chaos, das an die Finanzkrise des Jahres 2009 denken lässt. Und schon damals musste der Staat eingreifen, um den Gordischen Knoten aus Kaufverträgen, Lieferverpflichtungen und Preisabsprachen zu durchschlagen. Die Tulpe hatte zu tolle Blüten getrieben.

79 Aalsmeer

Hier werden täglich mehr als 20 Mio. Pflanzen versteigert.

12 km südwestlich von Amsterdam liegt die Kleinstadt Aalsmeer, Blumenzüchtern und -händlern bekannt als weltgrößtes Handelszentrum für Pflanzen. Hier werden nicht nur Tulpen aus Holland versteigert, sondern Schnittblumen und Topfpflanzen aus allen Ländern der Erde. Frühmorgens geht er los, der Poker um Millionen von Blumen im Pflanzenauktionshaus von **FloraHolland** (Legmeerdijk 313, Tel. 0297/393939 www.floraholland. com, Mo–Mi, Fr 7–11, Do 9–11 Uhr), einer Gesellschaft, die 2008 aus dem Zusammenschluss der Versteigerungsunternehmen Bloemenveiling Aalsmeer und FloraHolland hervorging. Besonders viel ist an Montagen und Freitagen los, die Donnerstage sind hingegen eher ruhig. Zuschauer sind übrigens willkommen. Hier wird der Zuschlag übrigens nicht mit dem Hammer erteilt, vielmehr erhält ihn

derjenige Käufer, der im rechten Moment den Knopf drückt.

Das System ist eigentlich ganz einfach. In den fünf Auktionshallen sitzen die Kunden, vom Großhändler bis zum einfachen Straßenverkäufer, wie Studenten in einem Hörsaal. Vor ihnen auf dem Platz

In Aalsmeer werden täglich Millionen von Tulpen und anderen Blumen versteigert

ist jeweils ein Knopf angebracht. Wenn der Auktionator die Ware vorgestellt und den Preis genannt hat, läuft eine Uhr vom Höchstpreis rückwärts gegen Null. Wer die Auktionsuhr durch Knopfdruck anhält, bekommt den Zuschlag. Dabei sind gute Nerven gefragt – denn wer zu früh drückt, zahlt einen höheren Preis, wer zu lange zögert, muss zusehen, wie die Konkurrenz den Deal macht. Das System gibt es nun schon seit 1928, und es hat sich bewährt. In den verschiedenen Zentren von FloraHolland werden täglich 116 000 Auktionen durchgeführt, also werden rund 12 Mrd. Schnittblumen und über eine halbe Milliarde Topf- und Gartenpflanzen pro Jahr umgesetzt.

80 Haarlem

Provinzhauptstadt mit gut erhaltenem mittelalterlichen Zentrum.

Weite Blumenfelder umgeben Haarlem (150 000 Einw.), die Hauptstadt der Provinz Noordholland. Die Herstellung von Leinen, die Blumenzucht und erfolgreicher Handel bescherten der Stadt im Goldenen Jahrhundert eine wirtschaftliche und kulturelle Blüte. Noch heute lässt sich der Wohlstand jener Epoche an etlichen historischen Bauwerken ablesen, von denen einige auch am Grote Markt, dem einstigen Turnierplatz und späteren Markt, versammelt sind.

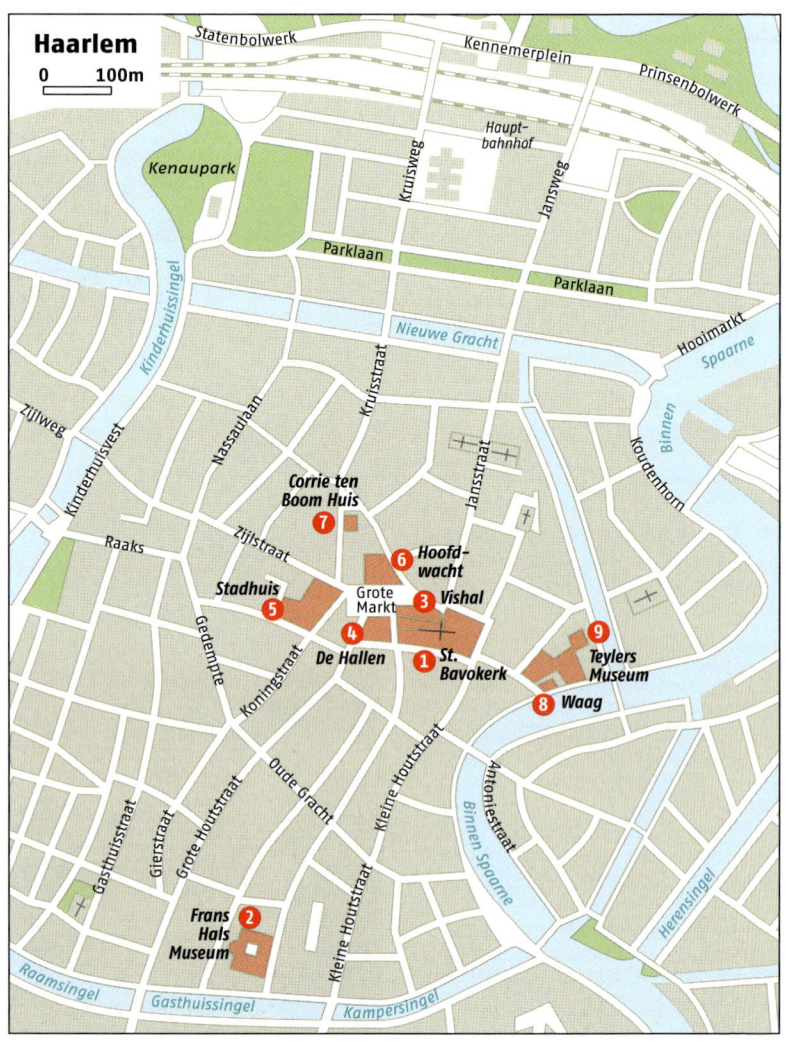

Mit ihrem 80 m hohen Vierungsturm überragt die **St. Bavokerk** ❶ (Mo–Sa 10–16, im Sommer bis 17 Uhr), die auch Grote Kerk genannt wird, alle anderen Gebäude am Grote Markt. Das Innere der spätgotischen Kreuzbasilika, deren Bau sich vom 14. bis ins 16. Jh. hinzog, beeindruckt durch seine sehenswerte Ausstattung, darunter ein kupfernes Chorpult (1499), eine Chorschranke aus Messing (1509–17), ein geschnitztes Chorgestühl (1512) und die von Christian Müller 1732 fertiggestellte Barockorgel. Ihre 4295 Pfeifen ließen schon Komponisten wie Mozart, Schubert, Händel und Liszt erklingen. Im Chorbereich befindet sich das Grab des bedeutenden Malers *Frans Hals* (1581/85–1666), der lange Zeit in Haarlem gelebt hatte. Ihm ist auch das in einem ehemaligen Altmännerstift im Süden der Stadt untergebrachte **Frans Hals Museum** ❷ (Groot Heiligland 62, Tel. 023/511 57 75, www.franshalsmuseum.nl, Di–Sa 11–17, So 12–17 Uhr) gewidmet. Glanzstücke der Gemäldesammlung, eine der bedeutendsten der gesamten Niederlande, sind die Gruppenporträts von Hals, z. B. ›Festmahl der Offiziere der St. Georgsschützen‹ (1616) oder ›Die Vorsteher des St.-Elisabeth-Krankenhauses in Haarlem‹ (um 1641). Es sind aber auch andere niederländische Meister des 17. Jh. vertreten wie der Genremaler *Adriaen van Ostade* und der Landschaftsmaler *Jacob van Ruisdael*.

An der Nordseite der Grote Kerk steht die **Vishal** ❸ (Grote Markt 20, Tel. 023/532 68 56, www.devishal.nl, Di–Sa 11–17, So 13–17 Uhr), die, wie der Name schon sagt, 1605 als Fischverkaufshalle eröffnete. Dort

Oben: *Auch ohne Teleskop kann man diesen wahrhaft schönen Sternenhimmel der St. Bavokerk in Haarlem bewundern*
Unten: *Schnell noch ein Erinnerungsgemälde, bevor der Festschmaus beginnt – ›Festmahl der Offiziere der St. Georgsschützen‹ von Frans Hals*

ist mittlerweile zeitgenössische Kunst zu sehen. Nur wenige Schritte sind es zur 1603 im Renaissancestil erbauten *Vleeshal* (Fleischhalle), deren figürliche Verzierungen mit Rinderköpfen keinen Zweifel an ihrer einstigen Funktion lassen. Heute wird sie zusammen mit der Verweyhal (1879–80) vom Frans Hals Museum unter dem Namen **De Hallen** ❹ für Wechselausstellungen genutzt (Grote Markt 16, Tel. 023/5115775, www.dehallen.nl, Di–Sa 11–17, So 12–17 Uhr).

Im Westen begrenzt das **Stadhuis** ❺, einst Jagdschloss der Grafen von Holland, den Marktplatz. Seine ältesten Bauteile stammen aus dem 14. Jh. 1633 erhielt das heutige Rathaus seine Renaissancefassade. Der schlanke Turm, der aufgrund von statischen Problemen abgerissen werden musste, wurde 1913 nach alten Zeichnungen rekonstruiert. Direkt daneben erhebt sich mit der **Hoofdwacht** ❻ (Nr. 17, www.haerlem.nl, Mai–Sept. Sa/So 13–17 Uhr), der Hauptwache aus dem 13. Jh., eines der ältesten Gebäude der Stadt. Zunächst diente es der Schützengilde als Wache, später eine Zeit lang als Rathaus. Heute hat hier die Historische Vereinigung Haarlem ihren Sitz.

An der vom Grote Markt abzweigenden Barteljorisstraat kann das **Corrie ten Boom Huis** ❼ (Nr. 19, www.corrietenboom.nl, Rundgänge April–Okt. Di–Sa 10–15.30, Nov.–März Di–Sa 11–15 Uhr) besichtigt werden. In den Jahren der deutschen Besatzung bot die Familie Ten Boom in ihrem Wohnhaus zahlreichen

Verfolgten Unterschlupf. Heute ist hier ein Museum eingerichtet, das anhand von Dokumenten, Fotos und Hausrat die Erinnerung an diese Zeit wachhält. Eindrucksvoll ist vor allem die Besichtigung der engen Geheimkammer.

Im Osten des Grote Markt, am Flüsschen Spaarne, liegen die 1595 erbaute **Waag** ❽ und daneben das älteste Museum der Niederlande, das **Teylers Museum** ❾ (Spaarne 16, Tel. 023/516 09 60, www.teylersmuseum.eu, Di–Sa 10–17, So 12–17 Uhr). Der wohlhabende *Pieter Teyler van der Hulst*, von Beruf Seidenhändler, war ein Universalsammler. Neben Fossilien, Gedenkmünzen, Mineralien, naturwissenschaftlichen Apparaten und anderem trug er eine erlesene Auswahl an Kupferstichen und Zeichnungen von Raffael bis Rembrandt zusammen.

ℹ Praktische Hinweise

Information

VVV Haarlem, Verwulft 11, Tel. 09 00/ 616 16 00, www.haarlemmarketing.nl

81 Zandvoort

Schwimmen, planschen und Sonne tanken an der Nordsee.

Wenn im Sommer die Sonne scheint, sind die Amsterdamer nicht mehr aufzuhalten und pilgern scharenweise nach Zandvoort, dem beliebtesten Badeort

Der Badeort Zandvoort lockt 25 km westlich von Amsterdam mit langem Strand

der Niederlande mit seinem fast 9 km langen Sandstrand. Neben dem Sonnenbaden verspricht eine ganze Reihe von Freizeiteinrichtungen Abwechslung. Im *Circus Zandvoort* (Gasthuisplein 5, Tel. 023/571 86 86, www.circuszandvoort.nl, tgl. 10–2 Uhr), einem Vergnügungszentrum mit Spielautomaten und stilvollem Filmtheater, ist Kurzweil angesagt. Und auf dem *Circuit Park Zandvoort*, der 4,2 km langen Rennpiste gleich hinter den Dünen, werden Auto- und Motorradrennen ausgetragen. Besucher können auch beim Training zuschauen oder zu bestimmten Zeiten im eigenen Auto selbst ein paar Runden drehen.

Wer sein Glück im Spiel herausfordern möchte, hat dazu Gelegenheit im *Spielkasino* (Badhuisplein 7, Tel. 023/574 05 74, www.hollandcasino.nl, tgl. 12.30–3 Uhr).

82　Nationaalpark Zuid-Kennemerland

Die Dünenlandschaft vor den Toren Zandvoorts bietet viele Ausflugsmöglichkeiten für Spaziergänger und Radfahrer.

Wer dem Rummel von Zandvoort für eine Weile entfliehen möchte, findet im

Die Weite der holländischen Landschaft – der Nationaalpark Zuid-Kennemerland

nördlich des Badeortes gelegenen Nationaalpark Zuid-Kennemerland einen ruhigen Flecken Natur. Autos sind in dem über 2500 ha großen Gebiet nicht zugelassen, man kann das Gelände nur mit dem *Fietse* (Fahrrad), zu Fuß oder auf dem Rücken eines Pferdes durchstreifen.

In den überwiegend ›jungen‹, hier und dort von kleinen Seen und Tümpeln durchsetzten Dünen, die allerdings auch schon einige tausend Jahre auf Wanderschaft sind, sagen sich Fuchs und Hase Gute Nacht, aber auch Rehe und Fledermäuse sind hier heimisch. Die Anwesenheit einer großen Zahl verschiedener Spezies von Schmetterlingen, Libellen und Singvögeln zeugt von einer reichen Flora, und auch für den Bussard gibt der Park einiges her.

Im Besucherzentrum **De Zandwaaier** (Overveen, Zeeweg ter hoogte von nummer 15, Tel. 023/541 11 23, www.np-zuidkennemerland.nl, April–Okt. Di–So 10–17, Nov.–März Di–So 12–17 Uhr) werden Ausstellungen, ein Film und Informationsbroschüren angeboten. Sie vermitteln alles Wissenswerte über die Naturlandschaft und man erfährt, welche Möglichkeiten zu deren Erkundung sich anbieten.

Amsterdam aktuell A bis Z

▉ Vor Reiseantritt

ADAC Info-Service:
Tel. 018 05/10 11 12 (0,14 €/Min.)

Unter dieser Telefonnummer oder bei den ADAC Geschäftsstellen können ADAC Mitglieder kostenloses Informations- und Kartenmaterial anfordern. Außerdem ist im ADAC Verlag der Reiseführer Niederlande erschienen.

ADAC im Internet:
www.adac.de
www.adac.de/reisefuehrer

Amsterdam im Internet:
www.iamsterdam.com
www.amsterdam.nl
www.timeout.com/amsterdam

Niederländisches Büro für Tourismus & Convention,
Postfach 27 05 80, 50511 Köln,
Tel. 0049/(0)2 21/925 71 70,
info@niederlande.de,
www.holland.com,
Mo–Fr 10–13 und 15–17 Uhr

▉ Allgemeine Informationen

Reisedokumente

Reisepass oder Personalausweis, Kinder unter 12 Jahren Kinderreisepass. Seit Juli 2012 müssen Kinder ab ihrer Geburt mit einem eigenen Dokument reisen, Einträge im Pass der Eltern haben ihre Gültigkeit verloren.

Kfz-Papiere

Nötig sind der nationale Führerschein und die Zulassungsbescheinigung Teil 1. Die Internationale Grüne Versicherungskarte wird empfohlen.

Krankenversicherung

Neben der Mitnahme der üblichen Versicherungskarte empfiehlt sich der Abschluss einer Auslandskranken- und Krankenrückholversicherung sowie die Überprüfung des allgemeinen Impfschutzes.

Hund und Katze

Ein EU-Heimtierausweis mit gültiger Tollwutimpfung (mind. 30 Tage und max. 12 Monate alt) sowie eine Identitätskennung durch Mikrochip sind erforderlich.

Zollbestimmungen

Für den persönlichen Gebrauch dürfen innerhalb der EU abgabenfrei eingeführt werden (Privatpersonen ab 17 Jahren): 800 Zigaretten, 400 Zigarillos, 200 Zigarren, 1 kg Rauchtabak. Alkohol: 10 l Spirituosen, 10 l alkoholhaltige Süßgetränke (Alcopops), 20 l Zwischenerzeugnisse, 90 l Wein (davon maximal 60 l Schaumwein), 110 l Bier.

Bei Einreisen von Drittländern (Schweiz) dürfen zollfrei 1 Stange Zigaretten, 1 l Spirituosen über 22 % oder 2 l Spirituosen unter 22 % sowie sonstige Waren bis zu einem Gesamtwert von 430 € (Flug- und Seereisen) bzw. 300 € (Reisen mit Bahn/Auto) eingeführt werden (Kinder unter 15 Jahren generell 175 €).

Waffen sowie Feuerwaffen ähnliche Imitationen (Kinderspielzeug) dürfen nicht mitgeführt werden.

Geld

An vielen *Geldautomaten* (*Chipknip*, *Geldautomaat*) kann man rund um die Uhr Geld abheben. Gängige *Kreditkarten* werden in den meisten Hotels, Restaurants und Geschäften akzeptiert.

Tourismusämter im Land

Amsterdam Tourism & Convention Board (ATCB),
Postbus 3901,
NL-1001 AS Amsterdam,
Tel. 020/201 88 00 (Mo–Fr 8–18 Uhr),
www.iamsterdam.com,
www.atcb.nl, info@atcb.nl.

Zweigstellen: Stationsplein 10 (vor dem Hauptbahnhof, So–Mi 9–17, Do–Sa 9–18 Uhr. – AUB Ticketshop, Leidseplein 26, Mo–Fr 10–19, Sa 10–18, So 12–18 Uhr. – Flughafen Schiphol (tgl. 7–22 Uhr)

I amsterdam City Card: Erhältlich beim VVV für 24/48/72 Stunden (42/52/62 €), www.iamsterdam.com. Pass für den kostenlosen bzw. ermäßigten Zugang zu vielen Museen und Veranstaltungen inklusive einer Grachtenrundfahrt, Gratis-Fahrt mit den öffentlichen Verkehrsmitteln, 25 % Ermäßigung in vielen Restaurants und mehr. Mit der Karte kann man sein Fahrzeug zudem auf den P+R Parkplätzen Amsterdam Arena, Zeeburg I & II, Gaasperplas und Sloterdijk mit 50% Rabatt abstellen.

Notrufnummern

Einheitlicher Notruf: Tel. 112 (EU-weit, auch mobil: Polizei, Unfallrettung, Feuerwehr)

Pannenhilfe des ANWB (Algemene Nederlandse Wielrijderbond): Tel. 088/269 28 88 (rund um die Uhr)

ADAC-Notruf Niederlande (Assen): Tel. 05 92/39 05 60 (rund um die Uhr)

ADAC-Notrufzentrale München: Tel. 00 49/89/22 22 22 (rund um die Uhr)

ADAC-AmbulanceService: Tel. 00 49/89/76 76 76 (rund um die Uhr)

Österreichischer Automobil Motorrad und Touring Club: Tel. 00 43/(0)1/251 20 00, www.oeamtc.at

Touring Club Schweiz: Tel. 00 41/ (0)224 17 22 20, www.tcs.ch

Fundbüros

Bureau Gevonden Voorwerpen, (Polizei), Korte Leidsedwarsstraat 52, Tel. 020/251 02 22

GVB (für Tram, Bus, Metro): Arlandaweg 100, Tel. 09 00/80 11 (nur im Land)

Eisenbahn: an allen Ticketschaltern

Diplomatische Vertretungen

Deutschland
Generalkonsulat, Honthorststraat 36–38, 1071 DG Amsterdam, Tel. 020/574 77 00

Österreich
Honorargeneralkonsulat, c/o Fresacher Advocaten, Officia I, De Boelelaan 7, 1083 HJ Amsterdam, Tel. 020/471 24 38

Schweiz
Schweizerisches Konsulat, De Lairessestraat 97, 1071 NX Amsterdam, Tel. 020/717 34 16

Besondere Verkehrsbestimmungen

Tempolimits (in km/h): Für Pkw, Motorräder und Wohnmobile bis 3,5 t gilt innerorts 50, außerorts 80, auf Schnellstraßen 100, auf Autobahnen 120. Für Wohnmobile über 3,5 t außerorts 80 (auch auf Autobahnen).

Die **Promillegrenze** liegt bei 0,5, für Personen, die den Führerschein noch keine fünf Jahre besitzen, gilt 0,2.

Bei Kreuzungen ohne Vorfahrtsregelung hat die Straßenbahn immer Vorrang. Das Parken an gelben Bordsteinkanten ist verboten.

■ Anreise

Auto

Für alle, die aus Norddeutschland anreisen, bietet sich die E 22 über Hamburg, Bremen und Groningen an. Von Berlin aus führt die E 30 direkt nach Amsterdam, aus dem Ruhrgebiet die E 35. Autofahrer aus dem Rhein-Main-Gebiet können die E 31 nehmen. Reisende aus Süd-bzw. Südwestdeutschland und der Schweiz nehmen die E 25 ab Basel, Reisende aus Österreich die E 52 ab Salzburg über München.

Tankstellen in den Niederlanden sind in der Regel tgl. 8–20 Uhr geöffnet. Entlang der Autobahnen sind sie entweder rund um die Uhr offen oder verfügen über Tankautomaten, an denen mit Euro-Scheinen bezahlt werden kann. An den meisten Tankstellen werden auch Kreditkarten akzeptiert.

Bahn und Autoreisezug

Durchgehende Verbindungen nach Amsterdam, zum Hauptbahnhof Centraal Station, bestehen mehrmals täglich mit dem ICE oder EC aus Köln, Hannover, Frankfurt und Berlin sowie mit einem Nachtzug aus München. Aus Österreich und der Schweiz erreicht man die niederländische Hauptstadt nur mit Umsteigen.

Fahrplanauskunft

Deutschland
Deutsche Bahn, Tel. 018 05/99 66 33 (0,14 €/Min.), 08 00/150 70 90 (sprachgesteuert, gebührenfrei), www.bahn.de

*In der Nieuwe Spiegelstraat findet man
etliche Antiquitätenläden*

Österreich
Österreichische Bundesbahn,
Tel. 05 17 17, www.oebb.at

Schweiz
Schweizerische Bundesbahnen,
Tel. 09 00/30 03 00, www.sbb.ch

Niederlande
Nederlandse Spoorwegen,
Tel. 09 00/92 92 (nur im Land wählbar),
Tel. 09 00/202 11 63 (Customer Service),
www.ns.nl

Bus

Von zahlreichen deutschen Städten verkehren Europabusse nach Amsterdam.
Zentrale Reservierungsstelle:

**Eurolines Germany – Deutsche Touring
GmbH**, Am Römerhof 17, 60486 Frank-
furt/Main, Tel. 069/790 35 01,
www.touring.de

Flugzeug

Amsterdam Airport Schiphol,
Tel. 020/794 08 00 (außerhalb der NL),
Tel. 09 00/01 41 (innerhalb der NL,
0,40 €/Min.), www.schiphol.nl

Der Flughafen Schiphol liegt 18 km südwestlich von Amsterdam und wird täglich von deutschen, österreichischen und
Schweizer Flughäfen aus angeflogen.

Ein Schnellzug verkehrt 6x in der Stunde
(nachts stdl.) zwischen Schiphol und der
Centraal Station. Große Hotels werden
im 30-Min.-Takt von Hotel-Pendelbussen
angefahren.

■ Bank, Post, Telefon

Bank

Banken öffnen Mo–Fr von 9–16 Uhr, im
Hauptbahnhof rund um die Uhr.

Post

Postämter, gekennzeichnet durch das
Schild **PTT**, sind in der Regel Mo–Fr
9–18 Uhr, Sa 10–13.30 Uhr geöffnet.

Telefon

Internationale Vorwahlen

Niederlande 00 31
Deutschland 00 49
Österreich 00 43
Schweiz 00 41

Es folgt die Ortsvorwahl (Schweiz: Ruf-
nummer) ohne die Null.

Telefonnummern mit der Vorwahl 09 00
können nur innerhalb der Niederlande
angerufen werden.

Vorwahl Amsterdam: 020

Die meisten Telefonzellen in Amsterdam
sind für Telefonkarten, *Telecard*, eingerichtet, die man in Postämtern, Kiosken
und VVV-Büros erhält.

Nationale Auskunft: Tel. 09 00/80 08,
Internationale Auskunft: Tel. 09 00/04 18

■ Einkaufen

Geschäfte und Supermärkte sind in der
Regel Mo–Fr 9–18 Uhr geöffnet, Do bis 21,
Sa 9–17, So 12–17 Uhr. Viele Läden sind
Montagvormittag geschlossen.

Antiquitäten

Zahlreiche Antiquitätenläden liegen in der Nähe des Rijksmuseum in der Spiegelstraat, Nieuwe Spiegelstraat, Kerkstraat und am Rokin.

Looier Kunst & Antiek, Elandsgracht 111, Tel. 020/624 90 38, www.looier.nl. Größtes Antiquitätenzentrum der Niederlande.

Heinen Delft Shop, Muntplein 12 (Munttoren), Tel. 020/623 22 71, www.jorritheinen.com. Delfter Fayencen, Porzellan und Fliesen.

Kramer, Nieuwe Spiegelstraat 64, Tel. 020/623 08 32 und Prinsengracht 807, Tel. 020/626 11 16, www.antique-tileshop.nl. Große Auswahl an alten und neuen holländischen Fliesen.

Pakhuis Amerika, Herengracht 235, Tel. 020/420 41 37. Secondhand aus den USA.

Van Dreven Antiquair, Nieuwe Spiegelstraat 38, Tel. 020/428 84 42, www.antique-horology.org/vandreven. Uhren und Spieldosen.

Aus einem Stück – Werkstatt, in denen ›Klompen‹, die typischen holländischen Holzschuhe, gefertigt werden

Auktionshäuser

Christie's, Cornelis Schuytstraat 57, Tel. 020/575 52 55, Mo–Fr 9–17.30 Uhr, www.christies.com

Sotheby's, De Boelelaan 30, Tel. 020/550 22 00, Mo–Fr 9–17 Uhr, www.sothebys.com

Ausgefallenes

Art Unlimited, Keizersgracht 510, 020/624 84 19, www.artunlimited.com. Riesige Auswahl an Kunstkarten und Postern aus aller Welt.

Blue Note Jazz Records, Gravenstraat 12, Tel. 020/428 10 29, www.bluejackjazz.com. Bekanntes und weniger Bekanntes – eine Fundgrube für Jazzliebhaber.

Christmas Palace, Singel 508–510, Tel. 020/421 01 55, www.christmas-palace.com. Weihnachten, das ganze Jahr über.

De Klompenboer, Sint Antoniesbreestraat 39–51, Tel. 020/427 38 62, www.woodenshoefactory.com Hier werden die Klompen, die echten holländischen Holzschuhe, nach Maß geschnitzt.

De Petsalon, Hazenstraat 3, Tel. 020/624 73 85, www.petsalon.nl. Hüte aller Art.

Gone with the Wind, Vijzelstraat 22, Tel. 020/423 02 30, www.gonewiththewind.nl. Ausgefallene Wohnungsdekoration, Mobiles, Holzspielzeug.

Bücher

Au Bout du Monde, Singel 313, Tel. 020/625 13 97, www.aboutdumonde.nl. Esoterik, Philosophie, alternative Medizin.

Geografische Boekhandel Pied a Terre, Overtoom 135–137, Tel. 020/627 44 55, www.jvw.nl. Reiseführer und Karten.

Lambiek, Kerkstraat 132, Tel. 020/626 75 43, www.lambiek.net. Comics und Cartoons aus aller Welt.

Scheltema, Koningsplein 20, Tel. 020/523 14 11, www.selexyz.nl. Größter Buchladen der Stadt auf sieben Etagen.

The American Book Center, Spui 12, Tel. 020/625 55 37, www.abc.nl. Bücher in englischer Sprache aus USA und UK.

The English Bookshop, Lauriergracht 71, Tel. 020/626 42 30, www.englishbookshop.nl. Englischsprachige Literatur.

Delikatessen

Geels & Co., Specialiteiten in Koffie enThee, Warmoesstraat 67, Tel. 020/

624 06 83, www.geels.nl. Alteingesessene Rösterei mit Atmosphäre und kleinem Museum (Sa 14–16.30 Uhr) in der 1. Etage.

Pompadour, Huidenstraat 12, Tel. 020/623 95 54. Hausgemachte Pralinen, die im Café direkt genascht werden können.

Puccini Bomboni, Singel 184, Tel. 020/427 83 41, www.puccinibomboni.com. Pralinen und Schokolade.

Reypenaer Proeflokaal, Singel 182, Tel. 020/320 63 33, www.wijngaardkaas.nl. Dieser Käse ist ein Gedicht!

Slijterij-Wijnhandel Boorsma, Ferdinand Bolstraat 112, Tel. 020/679 33 04, www.werelddranken.nl. Jenever und anderes Hochprozentiges.

Wout Arxhoek, Damstraat 17–19, Tel. 020/622 91 18. Große Auswahl an Käse.

Diamanten

Amsterdam Diamond Center, Rokin 1–5, Tel. 020/624 57 87, www.amsterdamdiamondcenter.nl, Mo–Sa 10–19, Do bis 20.30, So 11–19 Uhr

Coster Diamonds, Paulus Potterstraat 2–6, Tel. 020/305 55 55, www.costerdiamonds.com, tgl. 9–17 Uhr

Gassan Diamonds, Nieuwe Uilenburgerstraat 173–175, Tel. 020/622 53 33, www.gassandiamonds.nl, tgl. 9–17 Uhr

Haute Couture

Edelboutiquen bekannter Modedesigner findet man vor allem in der **P. C. Hooftstraat** und **Van Baerlestraat** im Museumsviertel sowie in der Nähe des Concertgebouw.

Kaufhäuser

De Bijenkorf, Dam 1, www.bijenkorf.nl. Das älteste und größte Kaufhaus von Amsterdam bietet Designermode, Kinderbekleidung, Elektronik und Wohnutensilien [Nr. 10].

De Kalvertoren, Kalverstraat 212–220, http://kalvertoren.nl. Einkaufszentrum mit 50, teils exklusiven Läden sowie einigen netten Lokalen. Das Dachcafé bietet Panoramablicke über die Altstadt.

Magna Plaza, Nieuwezijds Voorburgwal 182, www.magnaplaza.nl. Geschäfte und Bistros auf vier Etagen im neogotischen Gebäude der früheren Hauptpost [Nr. 6].

Metz & Co., Leidsestraat 1–3, www.metzco.eu. Dekorations- und Einrichtungsgegenstände, Mode, Schuhe und Accessoires von Burberry bis Zenga.

Märkte

Albert Cuyp Markt, Albert Cuypstraat, Mo–Sa 9–17 Uhr. Der größte Markt der Stadt führt Kleider, Schuhe, Gemüse, Fleisch, Fisch und alles andere [Nr. 58].

Bloemenmarkt, Singel, nahe Muntplein, tgl. ca. 10–17 Uhr. Schwimmender Blumenmarkt [Nr. 15].

Boerenmarkt, an der Noorderkerk, www.boerenmarktamsterdam.nl, Sa 9–16 Uhr. Biobauern-Markt.

Waterloopleinmarkt, Waterlooplein, Mo–Sa 9–17 Uhr. Großer Flohmarkt an der Stopera. Paradies für Schnäppchenjäger.

■ Essen und Trinken

Einfach und schlicht hatte zu sein, was im calvinistischen Norden der Niederlande jahrhundertelang auf den Tisch kam, etwa *Erwtensoep* (Erbseneintopf), *Hutspot* (Gemüsebrei mit Fleischeinlage) und *Stamppot* (Kartoffel-Gemüsebrei mit Wurst oder Schweinebauch). Heute bereichern die Kochkünste vieler Nationen die Speisekarten Amsterdamer Restaurants. Aber auch die verfeinerte niederländische Küche hat ihren Platz und bietet verwöhnten Gaumen Abwechslung.

Restaurants

Avantgarde

Envy, Prinsengracht 381, Tel. 020/344 64 07, www.envy.nl. Delikatessen in kleinen, kunstvoll arrangierten Portionen in entspannter Atmosphäre.

Supperclub, Jonge Roelensteeg 21, 020/344 64 00, www.supperclub.com. Die Speisekarte des Event-Lokals überrascht seine Gäste mit kulinarischen Überraschungen.

Niederländisch

D'Vijff Vlieghen, Spuistraat 294–302, Tel. 020/530 40 60, www.thefiveflies.com. Acht gemütliche Speiseräume in fünf historischen Grachtenhäusern. Kunst an den Wänden, Hausmannskost und Nouvelle Cuisine.

Haesje Claes, Spuistraat 273–275, Tel. 020/624 99 98, www.haesjeclaes.nl. Internationale und nieder-

ländische Spezialitäten in geselliger, alt-holländischer Atmosphäre.

Halvemaan, Van Leijenberghlaan 320, Tel. 020/644 03 48, www.halvemaan.nl. Die Küche ist berühmt für ihre Originali-tät, die sich eigentlich jeder Einordnung enthebt. Die Qualität hat hier aber ihren (hohen) Preis.

Hap Hmm, 1e Helmerstraat 33, Tel. 020/618 18 84, www.hap-hmm.nl. Das seit 1935 bestehende Restaurant kredenzt authentische Amsterdamer Küche zu fairen Preisen (Mo–Fr 16.30–20.45 Uhr).

Piet de Leeuw, Noorderstraat 11, Tel. 020/623 71 81, www.pietdeleeuw.nl. Gute Steaks, typisch Amsterdamer Atmosphäre am Rembrandtplein.

Vyne, Prinsengracht 411, Tel. 020/344 64 08, www.vyne.nl. Feiner Imbiss mit Weinen aus aller Welt.

Afrikanisch und Arabisch

Kilimanjaro, Rapenburgerplein 6, Tel. 020/622 34 85. Spezialitäten aus afrikanischen Ländern (Mo geschl.).

Marrakech, Nieuwezijds Voorburgwal 134, Tel. 020/623 50 03, www.restaurant marrakech.nl. Arabische Küche, gut und preiswert. Couscous sowie eine große Auswahl an ausgezeichneten vegetari-schen Gerichten (Mi geschl.).

Nomads, Rozengracht 133-I, Tel. 020/344 64 01, www.nomads.nl. Gute orienta-lische Küche, und dazu gelegentlich Bauchtanz.

Ein Tempel für die chinesische Küche, das Restaurant Sea Palace am Oosterdok

Chinesisch

Oriental City, Oudezijds Voorburgwal 177, Tel. 020/626 83 52, www.oriental-city. nl. Großes Chinarestaurant, besonders beliebt bei Amsterdamer Asiaten.

TOP TIPP **Sea Palace**, Oosterdokskade 8, Tel. 020/626 47 77, www.seapalace.nl. Chinesisch-kantonesische Küche in Europas einzigem schwimmenden Restaurant (liegt am Oosterdok vor Anker).

Fisch

Barbeque Castell, Lijnbaangracht 252–254, Tel. 020/622 86 06, www.castell amsterdam.nl. Spareribs und Fisch am Leidseplein. Im Sommer ist es besonders schön, auf der Terrasse zu sitzen.

Le Pêcheur, Reguliersdwarsstraat 32, Tel. 020/624 31 21, www.lepecheur.nl. Hervorragende Fischgerichte in einem stilvoll eingerichteten ehemaligen Kut-schenhaus oder bei schönem Wetter draußen im Garten (So geschl.).

Lucius, Spuistraat 247, Tel. 020/624 18 31, www.lucius.nl. Frische Meeresfisch-gerichte in Bistro-Atmosphäre.

Sluizer, Utrechtsestraat 41–45, Tel. 020/622 63 76, www.sluizer.nl. Art-déco-Lokal mit großer Auswahl an Fischgerichten.

Zuid Zeeland, Herengracht 413, Tel. 020/624 31 54, www.zuidzeeland.nl. Nordseefisch, Meeresfrüchte und niederländische Küche.

Französisch

Brasserie van Baerle, Van Baerlestraat 158, Tel. 020/679 15 32, www.brasserie vanbaerle.nl. Von Feinschmeckern geschätzte Speisekarte und vorzügliche Weine.

Van Vlaanderen, Weteringschans 175 (Rembrandtplein), Tel. 020/622 82 92. Stilvolles Spitzenrestaurant (So/Mo geschl.).

Indisch

Kamasutra, Lange Niezel 9, Tel. 020/626 00 03, www.restaurantkamasutra.com. Tandoori- und Curry-Gerichte.

Mayur, Korte Leidsedwarsstraat 203, Tel. 020/623 21 42, www.mayur.nl. Kochkunst nach der Moghul-Tradition Nordindiens, viele Tandoori-Gerichte und eine erfreulich vielfältige Auswahl an fleischlosen Gerichten.

Rangoli, Haarlemmerstraat 11, Tel. 020/622 37 76, www.rangoli.nl. Exotische Spezialitäten aus dem Pandschab.

Indonesisch

Bojo, Lange Leidsedwarsstraat 49, Tel. 020/622 74 34, www.bojo.nl. Das beliebte kleine, mit Rattanmöbeln eingerichtete Restaurant ist preiswert und gut.

Puri Mas, Lange Leidsedwarsstraat 37–41, Tel. 020/627 76 27, www.purimas.nl. Hervorragende Reistafel und zahlreiche vegetarische Gerichte zu mittleren Preisen.

TOP TIPP **Sama Sebo**, P. C. Hooftstraat 27, Tel. 020/662 81 46, www.samasebo.nl. Hervorragende indonesische Küche. Spezialität des beliebten Restaurants: Reistafel, Reis mit verschiedenen Fleisch- und Gemüse-Gerichten. Reservierung empfohlen (So geschl.).

Bruine Cafés – Braune Kneipen

Mindestens 100 Jahre alt, keine Musik und ein Wirt, der gekonnt einschenkt, anstatt viel zu reden – das sind Kriterien für ein ›echtes‹ **Bruin Café** (Braune Kneipe). Etwa 1500 dieser Lokale gibt es in der ganzen Stadt, von den stets überfüllten Szenetreffs bis zu jenen Stammkneipen, in denen sich immer nur dieselbe Hand voll Nachbarn trifft, um bei Bier und Klaverjassen, der niederländischen Variante von Skat, **Gezelligheid** zu genießen.

Selbstredend hat jeder Amsterdamer Kneipengänger seine individuelle Top Ten unter den Bruine Cafés, doch tauchen in den Hitlisten immer wieder die Folgenden auf: Das **Chris** (Bloemstraat 42, Tel. 020/624 59 42, www.cafechris.nl) besteht schon seit 1624. Als wenige Jahre später der Turm der Westerkerk gebaut wurde, erhielten die Arbeiter ihren Lohn in der Kneipe ausbezahlt. Wie im 17. Jh., als hauptsächlich Seeleute im **Café Karpershoek** (Martelaarsgracht 2, Tel. 020/707 45 00, www.cafe karpershoek.nl) einkehrten, ist der Boden dieses Lokals noch heute mit Sand bestreut, ebenso im **De Pilsener Club** (Begijnensteeg 4). Da das **Hoppe** (Spui 18–20), anno 1670, an Sommerabenden meist restlos überfüllt ist, muss ein Großteil der Gäste auf die Terrasse ausweichen und das Bier im Stehen trinken.

Dass, wie immer wieder einmal gerne behauptet wird, der berühmte Seeheld Piet Heyn [s. S. 56] häufig in das **De Druif** (Rapenburgerplein 83) einkehrte, ist eine Mär, er war schon verstorben, als die Kneipe 1631 aufmachte. Im **Welling** (Jan Willem Brouwerstraat 32, Tel. 020/662 01 55, www.cafewelling.nl) dreht sich alles um Literatur. **In de Wildeman** (Kolksteeg 3, Tel. 020/638 23 48, www.in dewildeman.nl) in einer historischen Schnapsbrennerei werden über 200 verschiedene Biere ausgeschenkt. **De Admiraal** (Herengracht 319) zählt zu den Kneipen mit vornehmem Ambiente. Mit kaum 18 m² ist das **'t Doktertje** (Rozenboomsteeg 4) ziemlich klein. Ob in der 1798 eröffneten Kneipe auch fromme Beginen des nahen Begijnhof ›Medizin‹ zu sich nahmen, ist nicht überliefert.

Italienisch

Casa di David, Singel 426, Tel. 020/624 50 93, www.casadidavid.com. Preiswertes Restaurant mit vorzüglicher Pasta sowie Pizza aus dem Holzofen.

L'Angoletto, Hemonystraat 18, Tel. 020/676 41 82. Pizza, Risotto und Antipasta nach süditalienischen Rezepten.

Piccolino, Lange Leidsedwarsstraat 63, Tel. 020/623 14 95, www.ristorantepicco lino.nl. Beliebte Pizzeria und Restaurant.

Toscanini, Lindengracht 75, Tel. 020/623 28 13. Modernes, helles Lokal, die Speisen sind überdurchschnittlich.

Japanisch

Kaiko, Jekerstraat 114, Tel. 020/662 56 41. Japanische Sushi-Bar (Do, So geschl.).

Yamazato Restaurant, im Hotel Okura, Ferdinand Bolstraat 333, Tel. 020/678 74 50, www.yamazato.nl. Das beste – und womöglich auch teuerste – japanische Restaurant der Stadt.

Mexikanisch

Pacifico, Warmoesstraat 31, Tel. 020/624 29 11. Eines der besten mexikanischen Restaurants der Stadt.

Rose's Cantina, Reguliersdwarsstraat 38–40, Tel. 020/625 97 97, www.rosescanti na.com. Beliebtes Lokal mit texanisch-mexikanischer Küche.

Surinamisch

Exotisches aus Surinam, dem kleinsten Land Südamerikas, das seit 1975 von den Niederlanden unabhängig ist, findet man rund um den Albert Cuyp Markt. Die Restaurants sind meist klein und bieten Speisen zum Mitnehmen, in einigen sind aber auch Tische aufgestellt.

Albert Cuyp 67, Albert Cuypstraat 67, Tel. 020/671 13 96

Albina Eethuis, Albert Cuypstraat 69, Tel. 020/675 51 35

Nieuw Albina Eethuis Albert Cuypstraat 49, Tel. 020/379 02 23

Warung Marlon, 1e van der Helststraat 55, Tel. 020/671 15 26

Warung Spang Makandra, Gerard Doustraat 39, Tel. 020/670 50 81

Thailändisch

Pathum Thai, Willemsstraat 16, Tel. 020/624 49 36. Das Restaurant im gemütlichen Jordaan serviert köstliche Speisen zu niedrigen Preisen (So geschl.).

Stilvoll – das Café Americain mit seiner schönen Art-déco-Einrichtung

Thai Deum, Ceintuurbaan 210, Tel. 020/379 07 05, www.thaideum.com. Nur ein paar Blocks vom Albert Cuyp Markt entfernt. Preiswert, gut.

Vegetarisch

De Bolhoed, Prinsengracht 60, Tel. 020/626 18 03. Im Angebot sind eine große Salatbar und verschiedene mexikanische Gerichte, dazu Biobier.

De Vliegende Schotel, Nieuwe Leliestraat 162–168, Tel. 020/625 20 41, www.vliegendeschotel.nl. Das nette Lokal im Herzen des Jordaan bietet gute und zugleich preiswerte vegetarische Gerichte.

Grand Cafés

Café Americain, Leidsekade 97, Tel. 020/556 30 00. Beliebter Amsterdamer Treffpunkt im American Hotel. Herrliche Art-déco-Ausstattung und ein großer Lesetisch.

Café de Jaren, Nieuwe Doelenstraat 20, Tel. 020/625 57 71, www.diningcity.nl. Einfache, schlichte Einrichtung. Von Balkon und Terrasse hat man eine wunderbare Aussicht auf die Amstel.

Café Luxembourg, Spui 24, Tel. 020/620 62 64. Die stilvoll-elegante Einrichtung der 1930er-Jahre und eine entspannte Atmosphäre tragen zum Genuss der leckeren Suppen, Salate und Sandwiches bei.

Dantzig, Zwanenburgwal 15, Tel. 020/620 90 39. Kaffeehaus in der Stopera, an schönen Tagen sitzt man auf der großen Sommerterrasse zur Amstel hin.

 **Grand Café 1e Klas**, Centraal Station, Tel. 020/625 01 31, www. restaurant1eklas.nl. Geschmackvolles Café im Belle Epoque-Ambiente des ehemaligen Wartesaals der 1.Klasse.

Feiertage

1. Januar (Nieuwjaar, Neujahr), Goede Vrijdag (Karfreitag), Paaszondag (Ostersonntag), Paasmaandag (Ostermontag), 30. April (Koninginnedag, Geburtstag der Königin, Nationalfeiertag), Hemelvaartsdag (Christi Himmelfahrt), 5. Mai (Bevrijdingsdag, Nationalfeiertag), Pinksterzondag (Pfingstsonntag), Pinkstermaandag (Pfingstmontag), 25./26. Dezember (Kerstmis, Weihnachten)

Gedenktage

Februaristaking (Februarstreik, 25. Febr.): Feier am *Dokwerker-Denkmal* in Erinnerung an den Streik der Amsterdamer Hafenarbeiter am 25.Februar 1941 gegen die Judendeportation [s. S. 54].

Dodenherdenkingsdag (Totengedenktag, 4.Mai): Kranzniederlegung am *Nationaal Monument* zum Gedenken an die Opfer des Zweiten Weltkrieges [s. S. 23]. Am Abend legt das ganze Land zwei Gedenkminuten ein.

Bevrijdingsdag (Befreiungstag, 5.Mai): Anlässlich der Befreiung der Niederlande von den Nationalsozialisten finden alljährlich an diesem Tag Konzerte an diversen Aufführungsorten statt.

Festivals und Events

März
Stille Omgang: Schweigeprozession zum Gedenken an das Amsterdamer Hostienwunder [s. S. 34] in einer Nacht von Sa auf So (www.stille-omgang.nl).

April
World Press Photo Exhibition (bis Mitte Juni, www.worldpressphoto.nl): Ausstellung der preisgekrönten Pressefotos des Vorjahres in der Nieuwe oder Oude Kerk.

Koninginnedag (30. April): Ganz Amsterdam feiert den Geburtstag von Königin Beatrix mit einem riesigen Volksfest rund um Dam und Spui sowie im Vondelpark. Am 30. April 2013 dankte Königin Beatrix

zugunsten ihres Sohnes Willem-Alexander ab. Ab 2014 wird dann der Koningsdag gefeiert und zwar am 27. April, dem Geburtstag des neuen Königs.

Juni
Amsterdam Roots Festival (www. amsterdamroots.nl): Veranstaltungen an diversen Aufführungsorten präsentieren afrikanische, arabische, karibische und lateinamerikanische Musik und Kultur.

Holland Festival (www.hollandfestival. nl): Dreiwöchiges internationales Festival für Theater, Tanz und Musik aus dem In- und Ausland, aufgeführt in den Theatern der Stadt und im Concertgebouw.

Vondelpark Openluchttheater (bis August, www.openluchttheater.nl): Fast täglich werden auf der Freilichtbühne im Vondelpark Gratis-Konzerte geboten, von Klassik über Jazz bis Rock.

Juli
Amsterdam Gay Pride: (an einem Wochenende Ende Juli/Anfang Aug., www. amsterdamgaypride.nl). Parade der Lesben und Schwulen auf den Grachten, Party nonstop.

August
Grachtenfestival (Mitte des Monats, www.grachtenfestival.nl). Klassische Musik an ganz besonderen Orten.

Uitmarkt (letztes Wochenende, www.uit markt.nl): Ein umfangreiches Veranstaltungsprogramm auf den Bühnen der Stadt läutet die neue Kultursaison ein.

September
Monumentendag (2. Wochenende, www. openmonumentendag.nl): Am Tag des offenen Denkmals laden historische Bauwerke und Grachtenhäuser zur Besichtigung ein.

Jordaanfestival (Wochenende im Sept., www.jordaanfestival.nl): Musik und Tanz am Johnny Jordaan Plein.

November
Sint Nicolaas (3. Samstag): Der hl. Nikolaus zieht mit seinem Gefolge in die Stadt ein. Er kommt mit dem Boot an und reitet auf einem Schimmel zum Dam, wo er vom Bürgermeister begrüßt wird.

Dezember
Sinterklaas (Nikolaustag, 5. Dez.): Traditionell bringt in den Niederlanden der Nikolaus (Sinterklaas) die Geschenke, nicht das Christkind.

Klima und Reisezeit

Das gemäßigte Seeklima Amsterdams lässt das Thermometer in den Sommermonaten kaum über 20 °C steigen, dafür wird es im Winter auch nicht richtig kalt, die Quecksilbersäule fällt nur selten unter den Gefrierpunkt. Mit Regen allerdings muss zu jeder Jahreszeit gerechnet werden. Attraktiv für Besucher ist die Stadt das ganze Jahr über, Hauptreisezeit ist von Ostern bis in den Herbst hinein. In dieser Zeit sollte man sein Quartier im Voraus buchen.

Klimadaten Amsterdam

Monat	Luft (°C) min./max.	Wasser (°C)	Sonnen- std./Tag	Regen- tage
Januar	1/5	4	2	14
Februar	1/5	4	3	11
März	3/9	7	4	9
April	6/3	11	6	9
Mai	9/7	14	7	9
Juni	12/20	17	7	9
Juli	15/22	18	6	11
August	15/21	19	6	11
September	12/19	17	5	
12 Oktober	8/14	12	3	12
November	5/9	8	2	14
Dezember	2/6	5	1	13

(Wassertemperaturen Vlissingen)

Zu Besuch bei der ›Alten Dame‹ – der Filmpalast Pathé Tuschinski aus den 1920er-Jahren erstrahlt nach seiner Restaurierung in neuem Glanz

Kultur live

Uitkrant, ein kostenloses, beim VVV sowie in Buchhandlungen und Zeitschriftenläden ausliegendes Monatsmagazin informiert auf Niederländisch über Amsterdams Kulturprogramm. Informationen auf Englisch enthält das beim VVV und in diversen Zeitschriftenläden erhältliche Heftchen **Day-by-Day**.

Kartenvorverkauf

Amsterdams Uitburo Ticketshop, Leidseplein 26 (in der Stadsschouwburg, Eingang Terassenseite), Mo–Fr 10–19, Sa 10–18, So 12–18 Uhr. Infotel. 020/795 99 50, www.amsterdamsuitburo.nl. Hier auch Last Minute Ticket Shop, Mo–Fr 12–19.30, Sa/So 12–18 Uhr, www.lastminuteticket shop.nl (50 % Nachlass auf Veranstaltungen am selben Abend).

Musik

Klassik

Beurs van Berlage, Damrak 243, Kasse Tel. 020/531 33 50, www.beursvan berlage.nl

Concertgebouw, Concertgebouwplein 10, Tel. 0900 671 83 45 (1 € pro Gespräch), www.concertgebouw.nl

Muziektheater, Waterlooplein 22, Tel. 020/625 54 55, www.het-muziektheater.nl

Muziekgebouw aan't IJ, Piet Heinkade 1, Tel. 020/788 20 00, www.muziek gebouw.nl

Klassische Konzerte werden außerdem in der **Oude Kerk** (Tel. 020/625 82 84) und in der **Engelse Kerk** (Begijnhof, Tel. 020/624 96 65) veranstaltet.

Jazz, Rock, Pop

Bimhuis, Piet Heinkade 3, Tel. 020/788 21 88, www.bimhuis.nl. Eine der besten Jazzbühnen Amsterdams.

De Badcuyp, 1e Sweelinckstraat 10, Tel. 020/675 96 69, www.badcuyp.nl. Blues, Salsa und Jazz.

Korsakoff, Lijnbaansgracht 161, Tel. 020/625 78 54, www.korsakoffamsterdam.nl. Hard Rock, Heavy Metal und Hip Hop.

 Melkweg, Lijnbaansgracht 234a, Tel. 020/531 81 81, www.melkweg.nl. Pop, Theater und Events in einstiger Molkerei [s. S. 68].

 Paradiso, Weteringschans 6–8, Tel. 020/626 45 21, www.paradiso.nl. Disco und Kulturzentrum in neoromanischer Kirche. Gute Adresse für Konzerte international bekannter Künstler. An den Wochenenden z.T. Club-Nights mit bekannten DJs. Auch Lesungen und sonstige Kulturveranstaltungen [s. S. 67]

Theater

Amsterdams Marionetten Theater, Nieuwe Jonkerstraat 8, Tel. 020/620 80 27, www.marionettentheater.nl

Boom Chicago, Leidseplein 12, Tel. 020/423 01 01, www.boomchicago.nl

Koninklijk Theater Carré, Amstel 115. Reservierungen: Tel. 09 00/252 52 55 (NL), Tel. 020/524 94 52 (Ausland), www.theatercarre.nl

Die gediegenen Säle des Rijksmuseum sind ab 2013 wieder zugänglich

Stadsschouwburg, Leidseplein 26, Tel. 020/624 23 11, www.ssba.nl

Tropeninstituut Theater, Großer Saal: Mauritskade 63; Kleiner Saal/Tageskasse: Linnaeusstraat 2, Tel. 020/568 85 00, www.tropentheater.nl

Westergasfabriek, Haarlemmerweg 8, Tel. 020/586 07 10, www.westergasfabriek.nl. Kunstpark mit Theater, Kino, Restaurants, Cafés und Shops. Mit Park zum Picknicken und für sonstige Freizeitvergnügungen.

Kino

EYE, Film Instituut Nederland, IJ Promenade 1, Tel. 020/589 14 00, www.eyefilm.nl. Filme aus aller Welt, Kultfilme [Nr. 8].

Kriterion, Roetersstraat 170, Tel. 020/623 17 08, www.kriterion.nl. Kunst- und experimentelles Kino.

Melkweg Cinema, Lijnbaansgracht 234a, Tel. 020/531 81 81, www.melkweg.nl. Kino-Theater-Disco-Komplex, häufig Filmklassiker.

Pathé, Kleine Gartmanplantsoen 15–19, Tel. 09 00/14 58, www.pathe.nl. Amsterdams größter Kinokomplex.

 Pathé Tuschinski , Reguliersbreestraat 26–28, Tel. 09 00/14 58, www.pathe.nl. Herrlicher Filmpalast aus den 1920er-Jahren nahe dem Rembrandtplein [Nr. 45].

The Movies, Haarlemmerdijk 161, Tel. 020/638 60 16, www.themovies.nl. Artdéco-Kino mit anspruchsvollen Filmen.

Museen

Museumjaarkaart: Museumskarte, mit der man ein Jahr lang freien Eintritt in über 440 Museen in Amsterdam und den gesamten Niederlanden hat, ausgenommen Sonderausstellungen, für die meist Zuschläge berechnet werden. Erhältlich ist die Karte in den größeren Museen oder online (www.museumjaarkaart.nl) für 22,50 € bzw. 42,95 € (ab 19 Jahre) plus 4,95 € bei der ersten Ausstellung.

Nachtleben

Viele Diskotheken und Musikklubs findet man rund um *Rembrandtplein* und *Leidseplein.* Hier ist die Auswahl angesagter Adressen so groß, dass man zu Fuß von einem Klub in den nächsten wechseln kann. Bekannt für ihr breit gefächertes Musikprogramm sind **Melkweg** (Rock, Folk, Jazz) und **Paradiso** (Pop, Reggae, afrikanische und lateinamerikanische Musik). Beliebt und meist gut besucht ist ferner die Diskothek **Korsakoff** [Adressen all dieser Klubs unter ›Musik‹ S.126/127].

Diskotheken und Nachtklubs

Dansen bij Jansen, Handboogstraat 11, Tel. 020/620 17 79, www.dansenbijjansen. nl. Besonders bei Studenten beliebte, häufig brechend volle Disco.

Escape, Rembrandtplein 11, Tel. 020/622 11 11, www.escape.nl. Größte Disco der Stadt für 2500

Tanzwütige, mit toller Lasershow, Videoclips und gelegentlich auch Konzerten (Do–So ab 23 Uhr).

Odeon, Singel 460, Tel. 020/521 85 55, www.odeontheater.nl. Café und Brasserie sorgen fürs leibliche Wohl, die Clubdisco fürs sonstige Vergnügen.

The Powerzone, Daniel Goedkoopstraat 1 (U-Bahn Spaklerweg), Tel. 020/681 88 66, www.thepowerzone.nl. Mega-Disco mit international renommierten DJs.

Spielkasino

Holland Casino Amsterdam, Max Euweplein 62, www.hollandcasino.nl, Tel. 020/521 11 11, tgl. 12–3 Uhr. Roulette, Black Jack und mehr.

Parken

Autofahren im Zentrum von Amsterdam ist wahrlich kein Vergnügen, die Straßen sind meist eng, die Parkplätze rar und teuer. Und die Polizei kontrolliert regelmäßig. Wer falsch oder zu lange parkt, riskiert die *Wielklem*, die gelbe Radklemme.

Zentrale Parkhäuser: Kaufhaus Bijenkorf (Dam), Amsterdam centre (Prins Hendrikkade 20), Waterlooplein, Stopera.

Günstiger sind die bewachten **Park & Ride-Plätze** am Stadtrand: Sloterdijk (Westen, Tel. 020/486 48 44), Bos en Lommer (Leeuwendalersweg 23b, Westen), World Fashion Center (Westen), Olympisch Stadion (Südwesten, Tel. 020/670 73 81),

Abendstimmung in einem Lokal am belebten und beliebten Leidseplein

Auf Grachtenrundfahrt zu den Sehenswürdigkeiten Amsterdams – hier die Magere Brug

Transferium ArenA am AJAX Stadion (Süden, Tel. 020/400 17 21), Zeeburg I und Zeeburg II (Osten). Tarif für 24 Std. 8 € (oder ›Meerdaagse P+R-kaart‹ für max. 96 Std.: 8 € pro 24 Std.) inklusive Hin- und Rückfahrkarte für bis zu 5 Personen mit Metro, Bahn, Tram oder Bus (Nachtbus kostet extra!).

Und so geht es: Parkkarte am Schlagbaum des P&R-Platzes ziehen (nicht die Kreditkarte benutzen!), Auto parken, mit der Parkkarte am P&R-Schalter je eine Rückfahrkarte für sich und eine weitere Person für Metro, Bahn, Tram oder Bus empfangen. Wichtig: Rückfahrkarte jeweils vor der Hin- bzw. Rückfahrt mit dem öffentlichen Verkehrsmittel abstempeln. Nach Rückkehr zum P&R-Platz am Schalter die abgestempelten Karten und die P&R-Karte vorlegen, andernfalls wird der reguläre Tarif von über 20 €/Tag fällig. An den P&R Olympisch Stadion und Sloterdijk kann man anstelle der Fahrkarten für die Fahrt in die Stadt kostenlos zwei Fahrräder leihen.

◼ Sport

Hallen- und Freibäder

Die Öffnungszeiten der verschiedenen Schwimmbäder in Amsterdam wechseln beinah von Tag zu Tag und von Jahreszeit zu Jahreszeit. Daher empfiehlt es sich, vor dem Besuch jeweils aktuelle Informationen telefonisch oder im Internet einzuholen.

De Mirandabad, De Mirandalaan 9, Tel. 020/546 44 44

Flevoparkbad, Zeeburgerdijk 630, Tel. 020/692 50 30

Zuiderbad, Hobbemastraat 26, Tel. 020/252 13 90

Sportveranstaltungen

Oktober

Amsterdam City Marathon: 42 km durch die Stadt

Ende Januar

Jumping Amsterdam: Internationales Reitturnier

Squash und Fitness

Frans Otten Stadion, Ijsbaanpad 43, Tel. 020/662 87 67, www.fransotten stadion.nl, Mo–Fr 9–24, Sa bis 20, So bis 22 Uhr. Auch Tennis.

Squash City, Ketelmakerstraat 6, Tel. 020/626 78 83, www.squashcity.com, Mo–Fr 7-22.30, Sa/So 8.30–19.30 Uhr

Sports World Amsterdam, Oranje-Vrijstaatkade 21, Tel. 020/663 09 03, www.sportsworldamsterdam.nl, Mo–Fr 7–24, Sa/So 8.30–20 Uhr

Tennis und Fitness

Buitenveldert Tennispark, Van der Boechorststraat 38, www.tennisparkbuitenveldert.nl, Tel. 020/642 96 41, Mo–Fr 8–24, Sa/So 8–18 Uhr

Spa Amsterdam Zuiver, Koenenkade 8 (Amsterdamse Bos), Tel. 020/301 07 00, www.amstelpark.nl, Mo–Fr 9–22, Sa/So 9–20 Uhr. Auch Squash.

■ Stadtbesichtigung

Busrundfahrten

Keytours, Paulus Potterstraat 8, Tel. 020/305 53 33, www.keytours.nl. Die roten Doppeldeckerbusse Hop-On-Hop-Off halten an neun markanten Stellen und verkehren alle 20 Min. Nov.–Feb. tgl. 9.25–17.45, letzte Fahrt 16.30 Uhr ab Centraal Station, März–Okt. tgl. 9–18.30, letzte Fahrt 17.20 Uhr (Centraal Station).

Lindbergh, Damrak 26, Tel. 020/622 27 66, www.lindbergh.nl, tgl. 14.30 Uhr, Dauer 2,5 Std.

Fahrradtouren

Yellow Bike, Nieuwezijds Kolk 29, Tel. 020/620 69 40, www.yellowbike.nl. Verschiedene Touren mit dem Fahrrad oder zu Fuß (detaillierte Infos s. Homepage).

Grachtenrundfahrten

Einstündige Grachtenrundfahrten werden von zahlreichen Reedereien angeboten. Anlegestellen: Centraal Station, Leidseplein, Rokin, Stadhouderskade.

Holland International Rondvaart, Prins Hendrikkade 33a, Tel. 020/625 30 35, www.hir.nl

Rederij Lovers, Prins Hendrikkade 23, Tel. 020/530 10 90, www.lovers.nl

Rederij Plas, Damrak, Pier 1–3, Tel. 020/624 54 06, www.rederijplas.nl

Museum Line

Die Boote der Museum Line, Tel. 020/530 54 12, www.lovers.nl, verbinden zahlreiche Museen miteinander und verkehren tgl. zwischen 10 und 17.30 Uhr alle 30/45 Min. (im Winter seltener). Anlegestellen: Prins Hendrikkade, Hermitage, Rijksmuseum, Leidsekade, Anne Frank Huis.

Stadtführungen

Beim **ATCB** [s. S. 117] kann man Führungen buchen, z. B. den *Abendlichen Rundgang*, die *Amsterdamer Wallen Tour* (Kenner der Szene führen durch den Rotlichtbezirk), die *Mystery Tour* (Spaziergang voller Enthüllungen) oder die *Rembrandt Mysteries*-Stadtwanderung mit Geschichten rund um Rembrandt.

■ Statistik

Bedeutung: Hauptstadt der Niederlande und Hauptsitz der Königsfamilie. Regierungssitz ist jedoch Den Haag.

Lage: 52° 22' nördliche Breite, 4° 53' östliche Länge, an der Mündung der Amstel in den IJ.

Fläche: 218 km², davon 53 km² Wasser.

Einwohner: 780 000

Gliederung und Verwaltung: 15 Stadtteile, 1 Gemeinderat und Stadtteilräte. Der Bürgermeister wird von der Königin und der Regierung ernannt.

Sonstiges: 165 Grachten, 1281 Brücken, 70 Inseln, 6800 Gebäude aus dem 16./17. Jh.

■ Unterkunft

Camping

Detaillierte Auskunft über geprüfte Campingplätze geben der jährlich neu erscheinende **ADAC Camping Caravaning Führer**, Band Nordeuropa, sowie der **ADAC Stellplatzführer**, erhältlich im Buchhandel und bei allen Geschäftsstellen des ADAC (www.adac.de/camping).

Amsterdamse Bos, Kleine Noorddijk 1, Tel. 020/641 68 68, www.campingamster damsebos.nl. Parkähnliches Gelände im Stadtwald (Jan.–Dez. offen).

Gaasper Camping, Loosdrechtdreef 7, Tel. 020/696 73 26, www.gaaspercam ping.nl. Gepflegtes Wiesengelände ca. 15 km südöstlich der Stadt, geöffnet von März bis Oktober.

Vliegenbos, Meeuwenlaan 138, Tel. 020/636 88 55, www.vliegenbos.com. Besonders bei jungen Leuten beliebt. 3 km außerhalb von Amsterdam, geöffnet von April bis Ende September.

Zeeburg, Zuider Ijdijk 20, Tel. 020/694 44 30, www.campingzeeburg.nl. Begrünter Platz nahe dem IJsselmeer, ganzjährig geöffnet.

Hotels

*****Hotels

InterContinental Amstel, Professor Tulpplein 1, Tel. 020/622 60 60, www.ams terdam.intercontinental.com. Grandhotel der Spitzenklasse, das nicht nur durch Luxus, sondern auch durch seine schöne Lage direkt an der Amstel besticht. Das hauseigene Gourmet-Restaurant ›La Rive‹ verspricht dank eines Michelin-Sterns exzellente Gaumenfreuden.

 NH Grand Hotel Krasnapolsky, Dam 9, Tel. 020/554 91 11, www. nh-hotels.com. Hinter unauffälliger

Fassade verbirgt sich ein Jugendstil-Wintergarten – die ›Grande Dame‹ unter den Fünf-Sterne-Hotels [s. S. 23].

Top Tipp **Pulitzer**, Prinsengracht 315–331, Tel. 020/523 52 35, www.starwoodhotels.com. Einzigartiges Hotel in 25 historischen Grachtenhäusern aus dem 17./18. Jh. Alle Zimmer sind unterschiedlich, aber immer vorzüglich eingerichtet. Das Restaurant ist in einer ehemaligen Apotheke mit Originalinterieur untergebracht.

Top Tipp **Sofitel The Grand Amsterdam**, Oudezijds Voorburgwal 197, Tel. 020/555 31 11, www.thegrand.nl. Luxushotel im historischen Prinsenhof, in dem schon Wilhelm der Schweiger und die Medici nächtigten. Eine der besten Adressen der Stadt [s. S. 42].

****Hotels

Amsterdam American Hotel, Leidsekade 97, Tel. 020/556 30 00, www.hampshire-hotels.com. Zentral am Leidseplein gelegenes Nobelhotel im Stil des Art déco. Das vornehme ›Café Americain‹ ist ein beliebter Treffpunkt.

Arena, 's-Gravesandestraat 51, Tel. 020/850 24 00, www.hotelarena.nl. Designer-Ambiente in einem ehemaligen katholischen Waisenhaus mit angebauter Kapelle, am Rand der historischen Innenstadt.

Canal House, Keizersgracht 148, Tel. 020/622 51 82, www.canalhouse.nl. Boutique-Hotel mit 23 Zimmern, das Design ist in Schwarz, Purpur, Grau und Kupfer. Schöner Garten.

Erstklassige Adresse – InterContinental Amstel am Ufer der Amstel

Die Port van Cleve, Nieuwezijds Voorburgwal 176–180, Tel. 020/714 20 00, www.dieportvancleve.com. Gediegenes Hotel nahe dem Königlichen Palast. Nicht nur bei Hotelgästen beliebt ist die Brasserie ›De Poort‹.

Hotel JL no. 76, Jan Luijkenstraat 76, Tel. 020/515 04 53, www.vondelhotels.com. Boutique Hotel in einer stimmungsvollen Straße im Modeviertel unweit des Museumplein und Vondelpark mit geschmackvollen Zimmern, Garten, Restaurant und Honesty Bar.

NH Doelen Hotel, Nieuwe Doelenstraat 24, Tel. 020/554 06 00 www.nh-hotels. com. In einem stilvollen Palast aus dem 17. Jh. untergebracht, mit gutem Restaurant und schottischem Pub. Von der Terrasse hat man einen wunderschönen Blick auf die Amstel.

NH Schiller Hotel, Rembrandtplein 26–36, Tel. 020/554 07 00, www.nh-hotels. com. Elegantes, 1912 errichtetes Jugendstil-Hotel. Die Inneneinrichtung wurde mit viel Liebe zum Detail ausgewählt, Im Foyer hängen Gemälde von Frits Schiller, Porträts und Ansichten von Amsterdam.

Park Hotel Amsterdam, Stadhouderskade 25, Tel. 020/671 12 22, www.parkhotel.nl. Luxuriöses Haus in zentraler Lage, sowohl die großen Museen am Museumplein, als auch der belebte Leidseplein mit seinen Restaurants und Nachtklubs liegen nicht weit entfernt.

Park Plaza Victoria, Damrak 1–5, Tel. 020/623 42 55, www.parkplazaeurope. com. Riesiger Hotelkomplex gegenüber der Centraal Station mit stilvoller Innen-einrichtung.

Best Western Nederland, Gravenstraat 12–16, Tel. 020/623 37 16, www.bestwes tern.nl. Angenehmes Hotel unweit des Dam, untergebracht in der ehemaligen Likörfabrik De Drie Fleschjes.

The Toren, Keizersgracht 164, Tel. 020/622 63 52, www.thetoren.nl. Komfortables Hotel in zwei historischen Grachten-häusern aus dem 17. Jh.

***Hotels*

Amstel Botel, NDSM-Pier 3 (nördl. Hafen-gebiet), Tel. 020/626 42 47, www.amstel botel.nl. Originelles Hotelboot, in dem auf Komfort nicht verzichtet werden muss. Alle Kabinen mit Dusche/Toilette.

TOP TIPP **Amsterdam House Hotel**, 's-Gravelandseveer 3–4, Tel. 020/624 66 07, www.amsterdamhouse. com. Ruhige Lage, die besten Zimmer mit Blick auf eine Gracht, dort auch hoteleigene Hausboote.

Nadia, Raadhuisstraat 51, Tel. 020/620 15 50, www.nadia.nl. Zwischen Dam und Westerkerk, sehr gut ausgestattet, einige Zimmer mit Aussicht auf Gracht.

Rembrandt Classic Hotel, Herengracht 255, Tel. 020/622 17 27, www.rembrandt classic.com. Mehrere Grachtenhäuser aus drei Jahrhunderten bilden das Zu-hause für dieses angenehme Hotel.

Sint Nicolaas, Spuistraat 1 a, Tel. 020/626 13 84, www.hotelnicolaas.nl. Das in einem altholländischen Haus ein-gerichtete Hotel bietet eine behagliche familiäre Atmosphäre.

**Hotels

Imperial, Thorbeckeplein 9, Tel. 020/622 00 51, www.imperial-hotel.com. Kleines, zentral zwischen Rembrandtplein und Herengracht gelegenes Hotel.

Seven Bridges, Reguliersgracht 31, Tel. 020/623 13 29, www.sevenbridges hotel.nl. Stilvoll eingerichtetes Grachten-haus.

Y Boulevard, Prins Hendrikkade 144–145, Tel. 020/623 04 30, www.hotelyboule vard.nl. Denkmalgeschütztes Grachten-haus unweit der Centraal Station. Den hübschen Frühstückssaal schmücken Gemälde, die von Rembrandt-Schülern stammen sollen.

B&B La Festa, Hazenstraat 64, Tel. 061/773 88 85, www.bb-lafesta.com. Angeneh-mes Frühstückshotel mit italienischem Restaurant, zentral aber ruhig im Jordaan-Viertel gelegen.

*Hotels

Hegra, Herengracht 269, Tel. 020/623 78 77, www.hotelhegra.nl. Grachten-haus mit elf einfachen Zimmern.

Prinsenhof, Prinsengracht 810, Tel. 020/623 17 72, www.hotelprinsenhof. com. Schönes altes Giebelhaus mit viel Atmosphäre.

Budget Hotels

Bob's Youth Hostel, Nieuwezijds Voorburgwal 92, Tel. 020/623 00 63, www.bobsyouthhostel.nl. Nahe der Centraal Station, viele Rucksacktouristen, keine Altersbeschränkung.

Flying Pig Hostels, Downtown, Nieuwendijk 100, Tel. 020/420 68 22 und **Uptown**, Vossiusstraat 46, Tel. 020/

400 41 87, beide: www.flyingpig.nl. Sauber, sicher, preiswert. Für Leute zwischen 18 und 40 Jahren, keine Gruppen von mehr als zehn Männern.

Jugendherbergen

Stayokay bietet über 30 Hostels in den Niederlanden, Infos: www.stayokay.com

Stayokay Amsterdam Stadsdoelen, Kloveniersburgwal 97, Tel. 020/624 68 32, www.stayokay.com/stadsdoelen. Ganzjährig geöffnet, 176 Betten.

Stayokay Amsterdam Vondelpark, Zandpad 5, Tel. 020/589 89 96, www.stayokay.com/vondelpark. Ganzjährig geöffnet, 536 Betten.

Stayokay Amsterdam Zeeburg, Timorplein 21, Tel. 020/551 31 90, www.stayokay/zeeburg. Ganzjährig geöffnet, 480 Betten.

Stayokay Haarlem, Jan Gijzenpad 3, Haarlem, Tel. 0 23/5 37 37 93, www.stayokay.com/haarlem. 10 Min. vom Bahnhof Zantpoort Zuid, ganzjährig geöffnet, 141 Betten.

◼ Verkehrsmittel

Boote

Canal Company, Weteringschans 26, Tel. 020/623 98 86 und 020/626 55 74, www.canal.nl. Canal Bus zwischen Centraal Station und Rijksmuseum und auf zwei weiteren Routen. Mit einer Tageskarte kann man beliebig oft zu- und aussteigen: Die perfekte Möglichkeit, Amsterdams Grachten zu befahren und zwischendurch Museen zu besichtigen, zu shoppen oder Essen zu gehen.

Canal Bike verleiht Tretboote (Waterfietsen). Anlegestellen: Leidseplein, Rijksmuseum, Westerkerk/Anne Frank Huis, Keizersgracht (bei Leidsestraat). Das Boot kann an einer Anlegestelle gemietet, an einer anderen abgegeben werden.

Fahrradverleih

MacBike, Tel. 020/624 83 91 (Stationsplein), www.macbike.nl. Stationen in Amsterdam: Leidseplein (Weteringschans 2), Waterlooplein 199, Centraal Station East (Stationsplein 5). Sportliche Stadtbesichtigung per Pedal.

Holland Rent-a-Bike, Damstraat 20-22, Tel. 020/625 50 29, www.rentabike.nl

Mietwagen

Für Mitglieder bietet die **ADAC Autovermietung GmbH** günstige Konditionen. Buchungen über ADAC Geschäftsstellen oder unter Tel. 089/76 76 34 34, www.adac.de/autovermietung.

Die internationalen Mietwagen-Anbieter findet man in Amsterdam am Flughafen Schiphol und in der Stadt an folgenden Orten:

Avis, Nassaukade 380, Tel. 088/284 70 20, www.avis.nl

Budget Niederlande, Tel. 088/284 70 00, www.budget.nl

Europcar, Overtoom 197, Tel. 0900/05 40, www.europcar.nl

Öffentliche Verkehrsmittel

Sehr nützlich ist das kostenlose Informationsblatt Tourist guide Public transport Amsterdam, das auch in deutscher Sprache angeboten wird. Erhältlich beim GVB Tickets & Info Büro der Centraal Station.

Infos: www.gvb.nl

Die Straßenbahn ist das wichtigste öffentliche Verkehrsmittel in der Stadt, für die Peripherie nutzt man Bus und Metro.

Als Fahrkarte dient heutzutage die elektronische PT Smart Card (OV-Chipkaart). Sie ist in verschiedenen Varianten erhältlich und gilt für den kompletten Personennahverkehr in Amsterdam. Für Touristen ideal ist die Variante, bei der man zwischen 1 Tag (7,50 €) und 7 Tagen (31 €) wählen kann. Wichtig ist es, die Chipkaart jeweils bei Fahrtantritt, Fahrtende und beim Wechsel des Verkehrsmittels (Bus, Tram, Metro) an den Kartenleser zu halten. Ein grünes Lämpchen und ein Piepton signalisieren die Gültigkeit der Karte.

Weitere Infos und Tickets gibt es u.a. beim *GVB Tickets & Info Büro* (Stationsplein) sowie an den Metro-Ticket-Automaten.

Die meisten Straßenbahnlinien starten bei der Centraal Station und zuckeln gemütlich durchs Zentrum.

Das Streckennetz der vier Metrolinien (die fünfte ist in Bau, Eröffnung frühestens 2017) ist übersichtlich und eignet sich für schnelle Verbindungen.

Taxi

Taxizentrale: Tel. 020/777 77 77, www.tcataxi.nl

Sprachführer

Niederländisch für die Reise

◼ Das Wichtigste in Kürze

Ja/Nein	ja/nee
Bitte/Danke	alstublieft/dank u wel
In Ordnung!/	ok!/
Einverstanden!	akkoord!
Entschuldigung!	sorry!/pardon!
Wie bitte?	Wat zegt u?
Ich verstehe Sie nicht.	Ik versta u niet.
Ich spreche nur	Ik spreek alleen
wenig Nieder-	maar een beetje
ländisch.	Nederlands.
Können Sie mir	Kunt u mij
bitte helfen?	alstublieft helpen?
Das gefällt mir	Dat vind ik (niet)
(nicht).	leuk.
Ich möchte …	Ik zou graag …
Wie viel kostet …?	Hoeveel kost(en) …?
Kann ich mit Kredit-	Kan ik met credit-
karte bezahlen?	card betalen?
Wie viel Uhr ist es?	Hoe laat is het?
Guten Morgen!	Goedemorgen!
Guten Tag!	Goedendag!
Guten Abend!	Goedenavond!
Gute Nacht!	Goedenacht!
Hallo!/Grüß dich!	Hallo!
Wie ist Ihr Name, bitte?	Hoe is uw naam?
Mein Name ist …	Mijn naam is …
Auf Wiedersehen!	Tot ziens!
Tschüs!	Doei!

◼ Zahlen

0	nul	19	negentien
1	één	20	twintig
2	twee	21	éénentwintig
3	drie	22	tweeëntwintig
4	vier	30	dertig
5	vijf	40	veertig
6	zes	50	vijftig
7	zeven	60	zestig
8	acht	70	zeventig
9	negen	80	tachtig
10	tien	90	negentig
11	elf	100	honderd
12	twaalf	200	tweehonderd
13	dertien	1000	duizend
14	veertien	2000	tweeduizend
15	vijftien	10 000	tienduizend
16	zestien	100 000	honderdduizend
17	zeventien	½	een quart
18	achttien	¼	een halve

gestern/heute/	gisteren/vandaag/
morgen	morgen
am Vormittag/	's morgens/
am Nachmittag	's middags
am Abend/	's avonds/
in der Nacht	's nachts
um 1 Uhr/	om één uur/
um 2 Uhr …	om twee uur …
um Viertel vor	om kwart voor
(nach) …	(over) …
um … Uhr 30	om … uur dertig
Minute(n)	minuut(en)
Stunde(n)	uur(en)
Tag(e)	dag(en)
Woche(n)	week(en)
Monat(e)	maand(en)
Jahr(e)	jaar(en)

◼ Wochentage

Montag	maandag
Dienstag	dinsdag
Mittwoch	woensdag
Donnerstag	donderdag
Freitag	vrijdag
Samstag	zaterdag
Sonntag	zondag

◼ Monate

Januar	januari
Februar	februari
März	maart
April	april
Mai	mei
Juni	juni
Juli	juli
August	augustus
September	september
Oktober	oktober
November	november
Dezember	december

◼ Maße

Kilometer	kilometer
Meter	meter
Zentimeter	centimeter
Kilogramm	kilo(gram)
Pfund	pond
Gramm	gram
Liter	liter

Unterwegs

Nord/Süd/ West/Ost	noord/zuid/ west/oost
geöffnet/geschlossen	open/gesloten
geradeaus/links/ rechts/zurück	rechtuit/links/ rechts/terug
nah/weit	vlak bij/ver weg
Wie weit ist …?	Hoe ver is het … ?
Wo sind die Toiletten?	Waar zijn de toiletten?
Wo ist die (der) nächste …	Waar is de (het) dichtstbijzijnde …
Telefonzelle/	telefooncel (de)/
Post/	postkantoor (het)/
Bank/	bank (de)/
Geldautomat/	geldautomaat (de)/
Polizei?	politiebureau (het)?
Bitte, wo ist …	Kunt u mij zeggen waar …
der Hauptbahnhof/	het centraal station/
die Bushaltestelle/	de bushalte/
die Metrostation/	het metrostation/
die Tramstation/	het tramstation/
der Flughafen?	het luchthaven is?
Wo finde ich …	Sorry, waar vind ik …
eine Bäckerei/	een bakker/
einen Supermarkt /	een supermarkt/
ein Kaufhaus /	een warenhuis/
den Markt /	de markt /
ein Fotogeschäft?	een winkel voor fotoartikelen?
Ist das der Weg/ die Straße nach …?	Is dit de weg/ de straat naar …?
Wo finde ich …	Waar vind ik …
das Tourismus- büro/	de VVV/
ein Reisebüro?	een reisbureau?.
Ich möchte mit …	Ik zou graag …
dem Bus/	de bus/
der Metro/	de metro/
der Tram/	de tram/
dem Zug/	de trein/
dem Flugzeug nach … fahren.	het vliegtuig naar … willen nemen.
Ich fahre nach … und bleibe …	Ik ga naar … en blijf daar …
Tage/Wochen.	dagen/weken.
Gilt dieser Preis für Hin- und Rückfahrt?	Is dit de prijs voor héén en terug?
Wie lange gilt das Ticket?	Hoe lang is dit ticket geldig?

Freizeit

Ich möchte ein …	Ik zou graag een …
Fahrrad/	fiets/
Mountainbike/	mountainbike/
Motorrad/	motorfiets/
Surfbrett/	surfplank/
Pferd mieten.	paard willen huren.

Gibt es ein(en) …	Is er hier een …
Freizeitpark/	recreatiepark/
Freibad/	openluchtzwembad/
Golfplatz in der Nähe?	golfplaats in de buurt?
Wo ist das nächste Schwimmbad?	Waar is het dichtst- bijzijnde zwembad?
Wann hat … geöffnet?	Wanneer is het/de … geopend?

Bank, Post, Telefon

Brauchen Sie meinen Ausweis?	Wilt u mijn legitimatie- bewijs zien?
Wo gibt es … Telefonkarten/ Briefmarken?	Waar kan je … telefoonkaarten/ postzegels krijgen?
Wie lautet die Vorwahl für …?	Wat is het netnummer van … ?

Tankstelle

Wo ist die nächste Tankstelle?	Waar is de dichtst- bijzijnde benzine- pomp?
Ich möchte … Liter …	… liter …
Normal/	normaal/
Super/	super/
Diesel/	diesel/
bleifrei/	loodvrij/
verbleit.	met lood alstublieft.
Volltanken, bitte!	Voltanken alstublieft!
Bitte prüfen Sie …	Kunt u alstublieft …
den Reifendruck/	de druck van de banden/
den Ölstand/	de oliestand/
den Wasserstand/	het koelwater/
die Batterie.	de akku controleren?
Würden Sie bitte …	Kunt u alstublieft …
den Ölwechsel vornehmen/	de olie verversen/
den Radwechsel	de band

Hinweise zur Aussprache

ei	wie ›ei‹, Bsp.: Leiden
eu	wie ›ö‹, Bsp.: deur
oe	wie ›u‹, Bsp.: boer
ou	wie ›au‹, Bsp.: hout
u	wie ›ü‹, Bsp.: nul
ui	wie ›ö‹, Bsp.: huis
ij	wie ›ei‹, Bsp.: Nijmegen
c	wie ›s‹, Bsp.: centraal
g	wie ›ch‹, Bsp.: tegel
sch	wie ›s‹ und ›ch‹ getrennt sprechen, Bsp.: schip
z	wie ›s‹, Bsp.: Zon

vornehmen/	*wisseln/*
die Sicherung	*de zekering*
austauschen/	*uitwisselen/*
die Zündkerzen	*de bougies*
erneuern?	*vernieuwen?*

Panne

Ich habe eine Panne.	*Ik heb autopech.*
Der Motor startet nicht.	*De motor springt niet meer aan.*
Ich habe kein Benzin/ Diesel.	*Ik heb geen benzine/ diesel meer.*
Gibt es hier in der Nähe eine Werkstatt?	*Is er een garage hier in de buurt?*
Können Sie mir einen Abschleppwagen schicken?	*Kunt u een takelwagen sturen?*
Können Sie den Wagen reparieren?	*Kunt u mijn auto repareren?*
Bis wann?	*Wanneer is hij klaar?*

Mietwagen

Ich möchte ein Auto mieten.	*Ik zou graag een auto willen huren.*
Was kostet die Miete …	*Wat kost het huren …*
pro Tag/	*per dag/*
pro Woche/	*pro Woche/*
mit unbegrenzter km-Zahl/	*met onbeperkte kilometers/*
mit Kasko- versicherung/	*met cascover- zekering/*
mit Kaution?	*met cautie?*
Wo kann ich den Wagen zurückgeben?	*Waar kan ik de auto teruggeven?*

Unfall

Hilfe!	*Help!*
Achtung!	*Opgepast!*
Vorsicht!	*Voorzichtig!*
Rufen Sie bitte schnell …	*Kunt u alstublieft snel …*
einen Krankenwagen/	*een ziekenwagen/*
die Polizei/	*de politie/*
die Feuerwehr.	*de brandweer opbellen.*
Hier ist mein(e) …	*Hier is mijn …*
Pass/	*geld/pas(poort)/*
Personalausweis/	*legitimatiebewijs/*
Kfz-Schein/	*kentekenbewijs/*
Versicherungskarte.	*verzekeringskaart.*
Es war (nicht) meine Schuld.	*Het was mijn schuld (niet).*
Geben Sie mir bitte Ihren Namen und Ihre Adresse.	*Mag ik even uw naam en adres opnemen?*

Ich brauche die Angaben zu Ihrer Autoversicherung.	*Kunt u mij een paar informaties over uw autoverzekering geven?*

Polizei

Ich möchte eine Anzeige erstatten.	*Ik zou graag een aangifte willen doen.*
Man hat mir …	*Mijn …*
Geld/die Tasche/	*geld/tas/*
die Papiere/	*papieren/*
die Schlüssel/	*sleutel/*
den Fotoapparat/	*fototoestel/*
das Fahrrad gestohlen.	*fiets is gestolen.*
Verständigen Sie bitte das Deutsche Konsulat.	*Kunt u alstublieft het Duitse con- sulaat informeren?*

Krankheit

Können Sie mir einen guten Deutsch sprechenden Arzt/ Zahnarzt empfehlen?	*Kunt u mij een goed Duits sprekende arts/tandarts aanbevelen?*
Wann hat er Sprechstunde?	*Wanneer zijn de spreekuren?*
Wo ist die nächste Apotheke?	*Waar is de dichtst- bijzijnde apotheek?*
Ich brauche ein Mittel gegen …	*Ik heb een middel nodig tegen …*
Durchfall/	*diarree/*
Halsschmerzen/	*keelpijn/*
Fieber/	*koorts/*
Insektenstiche/	*insektensteken/*
Verstopfung/	*verstopping/*
Zahnschmerzen.	*kiespijn.*

Hotel

Können Sie mir ein Hotel/eine Pension empfehlen?	*Welk hotel/pension kunt u aanbevelen?*
Ich habe bei Ihnen ein Zimmer reserviert.	*Ik heb bij u een kamer gereserveerd.*
Haben Sie …	*Heeft u …*
ein Einzelzimmer/	*een éénpersoons- kamer/*
ein Doppelzimmer …	*een tweepersoons- kamer/*
mit Bad/Dusche/	*met bad/douche/*
für eine Nacht/	*voor één nacht/*
für eine Woche?	*voor één week?*
Was kostet das Zimmer	*Hoeveel kost de kamer*
mit Frühstück/	*met ontbijt/*
mit Halbpension/	*met halfpension/*
mit Vollpension?	*met volpension?*

Wie lange gibt es Frühstück?	Tot wanneer kan ik ontbijten?
Ich möchte um … Uhr geweckt werden.	Kunt u mij om … uur wekken?
Ich reise heute Abend/ morgen früh ab.	Ik vertrek vanavond/ morgen vroeg.
Haben Sie ein Faxgerät/ Internetanschluss / einen Hotelsafe?	Heeft u een fax/ draadloos internet / een hotelsafe?

Restaurant

Wo finde ich ein gutes/günstiges Restaurant?	Waar vind ik een goed/voordelig restaurant?
Die Speisekarte/ die Getränkekarte, bitte.	Kunt u mij de spijs- kaart/de kaart met de dranken alstub- lieft even geven?
Welches Gericht können Sie beson- ders empfehlen?	Welk gerecht kunt u mij speciaal aanbevelen?
Ich möchte das Tagesgericht/ Menü (zu …)	Het menu van de dag/ menu … alstublieft.
Ich möchte nur eine Kleinigkeit essen.	Ik wil alleen maar een klein hapje eten.
Haben Sie … vegetarische Gerichte/ offenen Wein/ alkoholfreie Getränke/ Mineralwasser mit/ ohne Kohlensäure?	Heeft u ook … vegetarische gerechten/ wijn per karaf/ alcoholvrije dranken/ mineraalwater met/ zonder koolzuur?
Das Steak bitte … englisch/ medium/ durchgebraten.	Biefstuk alstublieft … rood/ medium/ doorbakken.
Kann ich bitte … ein Messer/ eine Gabel/ einen Löffel haben?	Kan ik alstublieft … een mes/ een vork/ een lepel krijgen?
Die Rechnung, bitte/ Bezahlen, bitte!	De rekening alstub- lieft!/ Betalen alstublieft!

Essen und Trinken

Ananas	ananas
Apfel	appel
Apfelsine	sinaasappel
Aubergine	aubergine
Banane	banaan
Bier	bier
Braten	gebraden vlees
Brot/Brötchen	brood/broodje
Butter	boter
Ei	ei
Eiscreme	ijs
Erdbeere	aardbei
Erdnussbutter	pindakaas
Espresso	espresso
Essig	azijn
Fisch	vis
Fischsuppe	nissoep
Flasche	fles
Fleisch	vlees
Fleischkroketten	bitterballen
Frühstück	ontbijt
Geflügel	gevogelte
Gemüse	groente
Glas	glas
Gurke/ Essiggurke	komkommer / augurk
Hering	haring
Huhn	kip
Kaffee, schwarz	koffie, zwart
Kaffee mit Milch	koffie met melk
Kalb	kalf
Kartoffeln	aardappelen
Käse	kaas
Kirschen	kersen
Kuchen	gebak
Krokette	kroket
Krug/Karaffe	karaf
Marmelade	jam
Meeresfrüchte	zeevruchten
Milch	melk
Milchkaffee	café au lait
Mineralwasser	mineraalwater/spa
Nachspeisen	nagerechten
Obst	fruit
Öl	olie
Oliven	olijven
Orangensaft	sinaasappelsap
Pfannkuchen	pannenkoeken
Pfeffer	peper
Pflaumen	pruimen
Pilze	paddestoelen
Pommes Frites	patat / frites
Reis	rijst
Rindfleisch	rundvlees
Rosinenbrötchen	krentenbol
Salat (roh) / Salat (angerichtet)	sla / salade
Salz	zout
Sauerkraut	zuurkool
Schinken	ham
Schokoladenstreusel	hagelslag
Scholle	kibbeling
Schweinefleisch	varkensvlees
Suppe	soep
Tee	thee
Vorspeisen	voorgerechten
Wassermelone	watermeloen
Wein	wijn
Weißwein	witte wijn
Rotwein	rode wijn
Rosé-Wein	rosé
Zucker	suiker

Register

Impressum

Chefredakteur: Dr. Hans-Joachim Völse
Textchefin: Dr. Dagmar Walden
Chef vom Dienst: Bernhard Scheller
Aktualisierung: Kirsten Winkler
Bildredaktion: Doreen Enders
Kartographie: ADAC e.V. Kartographie/KAR,
Computerkartographie Carrle
Layout: Suse Uhmann
Herstellung: Barbara Thoma
Druck, Bindung: Rasch Druckerei und Verlag
Printed in Germany

Ansprechpartner für den Anzeigenverkauf:
Kommunalverlag GmbH & Co KG,
MediaCenterMünchen, Tel. 089/92 80 96 44

ISBN 978-3-86207-066-4

Neu bearbeitete Auflage 2013
© ADAC Verlag GmbH & Co.KG, München
© der abgebildeten Werke von Max Beckmann
und Willem de Kooning bei VG Bild 2013

Bildnachweis

Titel: Grachtenimpressionen.
Foto: Mauritius Images/John Warburton-Lee

Titel plus-Karte:
Festungsturm Montelbaanstoren.
Foto: Fotolia/Oleg Fedorov

AKG: 12, 13 (2), 14, 15.1, 42, 58.1, 58.2, 106.2, 113.2 –
Bildagentur Huber: 106.1 (Damm) – **Concert-
gebouw:** 87 (Fred George) – **EYE Film Instituut:** 28, 29 (Iwan Baan) – **F1online:** 19 (Corbis),
95.2 (Imagebroker) – **Ralf Freyer:** 3.4, 3.1, 4.2
(Wh.), 11, 24.1, 30.1, 31, 33, 35, 45, 46, 50.1, 52, 53, 68,
70.1, 71.1, 93, 124 – **Rainer Hackenberg:** 25, 82 –
Getty Images: 98.1 (Jen-Pierre Lescourett) –
Hermitage Amsterdam: 75 – **Herzig Fotodes-
ign:** 120 – **Hollandse Hoogte/laif:** 103 (Inge
Yspeert) – **IFA-Bilderteam:** 16, 51 (Harris) –
Volkmar E. Janicke: 29, 61.2, 116.5 – **Joods His-
torisch Museum:** 2.4 (Wh.), 54 (Liselore Kam-
ping) – **laif:** 2.3 (Wh.), 57, 64 (Gonzalez) – **Mau-
ritius:** 2.1 (Wh.), 4.3 (Wh.), 50.2, 74 (Thonig), 97
(Kord), 99 (Tack) 116.3 (Waldkirch) – **Mohn-
heim:** 2.2 (Wh.), 4.4 (Wh.), 7.2, 104, 110, 113.1 –
Nederlandse Opera: 52.1 (Monica Ritterhaus)
– **Openbare Bibliotheek:** 95.1 – **Rijksmuseum
Amsterdam:** 79, U4.1 (Wh.) – **Stedelijk Museum:** 15 (Wh.), 84 (John Lewis Marshall), 85, 86 –
Reinhard Tiburzy: 3.3 (Wh.), 4.1 (Wh.), 7.3, 20,
38, 63, 65, 66, 96, 102, 107, 109, 111.2, 114, 115, 116.4,
122 – **Ullstein Bild:** 15.1, 69 (Schöning) – **pic-
ture alliance:** 15.3, 92 (ANP) – **Ernst Wrba:** 3.2
(Wh.), 6, 7.1, 8.1, 8.2, 9.1, 9.2, 10.1, 10.2, 22, 23, 24.2, 32,
36, 37, 40, 41, 44, 47, 49, 56, 59, 60, 61.1, 69, 70.2, 71.2,
72, 73, 77, 80, 81, 83.2, 88, 89, 91, 100, 101, 111.1, 116.1,
116.2, 119, 123, 126, 127, 128, 129, 131, U4.2 (Wh.) –
Your Photo Today: 27

■ 1 Tag in Amsterdam

Bei einer **Grachtenfahrt** ab Centraal Station gewinnt man erste Eindrücke von der besonderen Atmosphäre Amsterdams. Anschließend kann man über den **Dam** schlendern und den **Koninklijk Paleis** und die

Nieuwe Kerk besichtigen. Durch die Kalverstraat, eine der beliebtesten Shoppingmeilen der Stadt, geht es dann zum **Amsterdam Museum**. Durch die **Schuttersgalerij** gelangt man zum **Begijnhof**, einem idyllischen Wohnhof, und weiter zum **Spui**, einem belebten Platz mit vielen schönen Cafés und Restaurants. Mit der Straßenbahn erreicht man schließlich das **Rijksmuseum** mit Rembrandts berühmter ›Nachtwache‹, auch bei einem Kurzaufenthalt in Amsterdam ein Muss. In einem der vorzüglichen Restaurants rund um Dam oder **Leidseplein** kann man sich anschließend von heimischer oder exotischer Küche verwöhnen lassen. Ein Bummel durch **Heren-**, **Keizers-** oder **Prinsengracht** beschließt den Tag.

■ 1 Wochenende in Amsterdam

Freitag: Zur Einstimmung bietet sich eine **Grachtenfahrt** an, die durch die schönsten Kanäle führt – hier präsentiert sich Amsterdam von seiner romantischen Seite. Das Herz der Stadt aber schlägt am **Dam**, wo der **Koninklijk Paleis** und die **Nieuwe Kerk** besichtigt werden können. Gleich um die Ecke bietet sich der herrliche Jugendstil-Wintergarten im **Grand Hotel Krasnapolsky** für Rast und Erfrischung an. Über das **Amsterdam Museum**, die **Schuttersgalerij** und den **Begijnhof** erreicht man den Dreigrachtengürtel mit seinen herrlichen alten Stadtpalästen. Am Abend hat man dann die Qual der

Wahl zwischen holländischen oder exotischen Restaurants am Dam oder dem Leidseplein.

Samstag: Auf dem Programm steht eine bunte Mischung aus Shopping und Kultur: Am Vormittag bietet sich ein Bummel über den **Flohmarkt** am Waterlooplein oder den schwimmenden **Bloemenmarkt** am Singel an. Nach einer Erholungspause in einem der stilvollen **Grand Cafés**, etwa dem Americain am Leidseplein oder dem Dantzig in der Stopera, stellt sich die Frage, wie viel Museum an einem Tag zu schaffen ist. Hier hat man die Qual der Wahl: Das **Rijksmuseum** mit niederländischer und euro-

päischer Malerei ist ein Muss, das **Van Gogh Museum** und das **Stedelijk Museum** bieten zudem berühmte Meisterwerke der Moderne. Und dann sind da noch das **Anne Frank Huis** und die Geheimkirche im **Museum Ons' Lieve Heer op Solder**. Am nahen Zeedijk, kann man in einem der chinesischen Restaurants fernöstliche Küche kosten. Anschließend locken Konzert, Theater und Kino. Für Romantiker bietet sich abends eine **Grachtenfahrt** mit Candle-Light-Dinner an.

Sonntag: Machen Sie es den Amsterdamern nach, erobern Sie die Stadt per Fahrrad. So kann man bequem von der **Stopera** über Rokin und Damrak zur **Centraal Station** und weiter zum **Westerdok** fahren. Hier gibt es Hebebrücken, alte Lagerhäuser und mit Wohnbooten gesäumte Grachten. Radeln Sie anschließend durch das ehemalige Arbeiterviertel **Jordaan**. Für eine Pause bietet sich hier ein Bruine Café an, die bei den Amsterdamern so beliebten ›Braunen Kneipen‹. Zum Abschluss kann man dann noch durch die von prächtigen Giebelhäusern gesäumten **Heren-**, **Prinsen-** und **Keizersgracht** zum **Vondelpark** fahren, der größten innerstädtischen Parkanlage, und hier den Tag gemütlich ausklingen lassen.

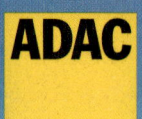

Unsere Kennenlernaktion!

Fotobuch A4 für nur 7,95 €* statt 21,95 €*

In der neuen ADAC-Fotowelt gestalten Sie ganz einfach Ihr eigenes Fotobuch, persönliche Kalender, Puzzles und praktische Terminplaner. Oder Sie bringen ihre Liebsten auf Postern und Leinwänden zur Geltung. Machen Sie mehr aus Ihren Bildern!

FOTOBUCH
A4 Softline
28 Seiten

NUR FÜR
€ 7,95*

Unser
Urlaub
2013

AKTIONS-CODE: adacfoto

www.adac.de/fotowelt

*Dies ist ein spezielles Angebot der Jenomics GmbH. Der Aktionscode ist einmal pro Haushalt/Person einlösbar. Dieser Aktionscode ist nicht mit anderen Rabattaktionen kombinierbar. Gültig bis einschließlich 31.12.2014.
Keine Barauszahlung möglich. Angebot zzgl. Versandkosten. In Kooperation mit IKONA